SUGEL MICHELÉN

DE GLORIA EN GLORIA

Un evangelio que salva y santifica

SUGEL MICHELÉN

DE GLORIA EN GLORIA

✝✝✝

Un evangelio que
salva y santifica

B&H
ESPAÑOL
BRENTWOOD, TENNESSEE

De gloria en gloria: Un evangelio que salva y santifica

B&H Publishing Group
Brentwood, TN 37027

Diseño de portada: B&H Español

Clasificación Decimal Dewey: 234.3

Clasifíquese: DIOS \ SALVACIÓN \ EVANGELIO

ISBN: 978-1-0877-8518-9

Impreso en EE. UU.
1 2 3 4 5 * 26 25 24 23

Índice

A mis queridos nietos: Mia, Marco, Maia, Zoie y Wesley, con el anhelo y esperanza de que sean creyentes apasionados del evangelio de la gloria de Cristo, de modo que sean transformados de gloria en gloria en la semejanza de nuestro bendito Salvador.

¡Los amo con todo mi corazón!

Introducción

Si alguna vez te has detenido a escuchar a dos personas en medio de una discusión, notarás que la mayoría de los seres humanos tienen la curiosa percepción de que las cosas deberían ser de cierta manera. Cada vez que alguien se queja con otro diciéndole: «Eso no es justo», está presuponiendo que hay un estándar universal de justicia al que todos debieran someterse. Sin embargo, eso no significa que esa persona viva o actúe de acuerdo con esa norma que reclama con vigor. Como señala C. S. Lewis en su obra clásica *Mero Cristianismo*, si bien es posible que exista alguna excepción aquí o allá, todo el mundo está consciente de que no vive a la altura de lo que reconoce como correcto.[1]

De ahí el sentido de frustración que muchos experimentan consigo mismos porque son conscientes de que no son como quisieran ser. Supongo que esa es una de las razones por las que las religiones tienen tantos adeptos y los libros de autoayuda son tan populares. La gente quiere ver cambios en su vida.

---

[1] C. S. Lewis, *Mero Cristianismo* (New York, NY, Harper Collins Publishers, 20026), págs. 21-24 (Lewis elabora esta idea mucho más en su libro).

Es probable que ese sentimiento se agudice entre los cristianos, porque no nos medimos con la regla generalmente aceptada por la mayoría, sino con la norma de Dios revelada en Su Palabra. Queremos cambiar y anhelamos ver más evidencias de madurez espiritual.

El problema es que muchos cristianos no tienen idea de cómo avanzar o cómo trabajar eficazmente con esas áreas de su vida en las que les gustaría ver cambios más evidentes. Y aunque hacen resoluciones y promesas, con el tiempo se dan cuenta de que eso tampoco funciona y usualmente terminan más frustrados que al principio. Eso no quiere decir que hacer resoluciones sea incorrecto, sino que las resoluciones, por sí solas, no bastan para hacer la diferencia tan ansiada.

Incluso la ley moral de Dios es incapaz de producir ese cambio en nosotros. La función de la ley no es lograr que seamos lo suficientemente buenos como para ser aceptados delante de Dios. Por el contrario, uno de los propósitos principales de la ley es mostrarnos que somos incapaces de cumplir con sus demandas y así buscar la solución fuera de nosotros. Pablo nos recuerda que, «por las obras de la ley ningún ser humano será justificado delante de él; porque por medio de la ley es el conocimiento del pecado» (Rom. 3:20). A modo de ejemplo podría decir que la ley funciona como los rayos X al permitirnos ver qué es lo que no anda bien, pero no puede resolver el problema.

Pablo señala que la solución se encuentra en el evangelio. «Pero ahora, aparte de la ley» –continúa diciendo– «se ha manifestado la justicia de Dios, testificada por la ley y por los profetas; la justicia de Dios por medio de la fe en Jesucristo» (Rom. 3:21-22). Dios provee «por medio de la fe» en Jesucristo la justicia que no podemos alcanzar por nosotros mismos. Ese es justamente el corazón del evangelio, la esencia de lo que debemos creer para ser salvos:

«... que el hombre es justificado por fe sin
las obras de la ley».
(Rom. 3:28)

El evangelio, sin embargo, no puede resumirse y llegar a ser simplemente un breve mensaje sobre cómo podemos ser perdonados y aceptados por Dios. El evangelio es como un diamante que posee muchas caras y solo podremos apreciar su hermosura al explorar cada una de ellas.

Otra analogía puede ser útil para explicar a qué nos referimos con respecto a lo multifacético del evangelio.[2] El físico y matemático británico Isaac Newton descubrió en 1666 que un prisma de vidrio se dividía en siete colores del arcoíris si un rayo de luz pasaba a través de él: rojo, naranja, amarillo, verde, azul, índigo y violeta. Eso también sucede cuando la luz del sol atraviesa las gotas de lluvia para formar el arco iris. La luz blanca ya contenía dentro de sí todos esos colores,

---

[2] Alister McGrath, *Mera Apologética* (Salem, OR, Publicaciones Kerigma, 2020), pág. 48.

pero la identidad individual de cada uno no se hace visible hasta que pasa a través del prisma. El prisma separa los colores y nos permite apreciarlos.

Podría decir que algo similar sucede con el evangelio: es como un potente rayo de luz blanca que contiene un conjunto de elementos muy variados que los creyentes deben aprender a distinguir y valorar, no solo para poder evangelizar con mayor eficiencia, sino para su propio crecimiento en santidad. Eso es lo que he buscado desarrollar en este libro.

En la primera parte, la más extensa, nos detendremos a considerar qué es el evangelio; mientras que en la segunda parte veremos cómo Dios usa el evangelio para promover la santificación progresiva de los que hemos creído en Cristo.

Ha sido mi oración que el Señor use su contenido para bendecir a la iglesia de habla hispana al adquirir un mejor entendimiento de la obra redentora de Cristo, cómo esa obra redunda en nuestra santificación y cuáles son los recursos que la Escritura provee para vivir en santidad y para la gloria de Dios.

Sugel Michelén
Santo Domingo
2023

Capítulo 1

¿Qué es el evangelio?

En la segunda mitad del siglo XIX, los Estados Unidos de Norteamérica se vieron envueltos en una lamentable y sangrienta guerra civil. Un grupo de estados del sur decidió independizarse de la Unión. Esta guerra estalló el 12 de abril de 1861 y concluyó cuatro años después con la rendición de los ejércitos del sur, el 9 de abril de 1865.

Aunque fueron varias las causas que finalmente provocaron la derrota de los estados sureños, una de las armas más poderosas que usaron los estados del norte fue diseminar entre ellos dinero falso. Crearon tal desconfianza en su propia moneda, que eso aceleró su derrota. ¡Imaginen lo que sucedería en un país si la mayoría de la población sospechara del dinero que usa diariamente! La economía se iría a pique.

Pues esa es la misma táctica que usa el enemigo de nuestras almas para desprestigiar el evangelio. Es tanto el evangelio falso que circula a través de redes sociales que mucha gente reacciona con escepticismo o confusión cuando escuchan ese mensaje. No son pocos los púlpitos que han sustituido el mensaje del evangelio por una religión de autoayuda que tiene más de terapia sicológica que de cristianismo. También están aquellos que ofrecen todo tipo de bendición material si uno recibe a Cristo en su corazón: un buen carro, un buen sueldo, una buena casa y, por supuesto, una buena salud para disfrutar de esos bienes.

Eso no es todo. También debemos añadir que muchos creyentes presuponen que el mensaje del evangelio es primordialmente para los incrédulos, una especie de trampolín desde el cual saltamos hacia la piscina de la vida cristiana y que podemos dejar atrás después de la conversión para luego sumergirnos en doctrinas más profundas.[1]

Lo cierto es que ningún creyente podrá crecer y madurar en su vida cristiana a menos que posea un entendimiento cada vez más claro del evangelio y se apropie de ese evangelio cada día por medio de la fe. Por eso es importante la pregunta que encabeza este capítulo: ¿Qué es el evangelio? La respuesta a esta pregunta será desarrollada en todos los capítulos que componen la primera parte de este libro; por ahora solo queremos introducir algunos de sus elementos esenciales.

---

[1] Esta ilustración es original de J. D. Grier; *Gospel* (Nashville, TN, B&H), pág. 21.

El evangelio es el anuncio de un hecho histórico

La palabra «evangelio» era muy común en el mundo grecorromano y generalmente no estaba asociada con un mensaje de tipo religioso, sino más bien militar o político. Por ejemplo, cuando Grecia derrotó al imperio persa en la batalla de Maratón en el 490 a. C., el general Milcíades decidió enviar al soldado más veloz de su regimiento, el corredor Filípides, para comunicar esa buena noticia, ese «evangelio» a los atenienses. Se cuenta que Filípides recorrió los cuarenta y dos kilómetros que separaban los campos de Maratón de la ciudad de Atenas, corriendo tan velozmente que al llegar sólo pudo decir «Hemos vencido» para luego caer muerto. En honor de esa proeza es que se realizan muchas maratones alrededor del mundo, que no son otra cosa que correr la distancia que supuestamente recorrió Filípides aquel día.

Esta buena noticia debe haber impactado profundamente a los atenienses. La amenaza había sido eliminada y ahora podían vivir en paz, no por la actuación de los receptores de la noticia, porque no habían hecho nada, sino por causa de los soldados que habían peleado en Maratón a favor de ellos. Entonces, la palabra evangelio hace referencia al anuncio de un hecho histórico que cambiará nuestras vidas de una forma significativa.

Lo mismo se aplica al evangelio de Jesucristo. Se trata del anuncio de un hecho histórico que sucedió hace más de 2000 años, a través de la vida, muerte, resurrección y ascensión del Señor Jesucristo. Sus resultados impactan nuestras vidas como ninguna otra buena noticia podrá hacerlo jamás.

Ya podemos empezar a descubrir la enorme diferencia que existe entre el cristianismo y cualquier otra religión o filosofía de factura humana. Las demás religiones intentan proveer buenos consejos que ayuden a conectarse con Dios de alguna manera o vivir una vida buena: «Esta es la forma cómo debes vivir si quieres que te vaya bien». Sin embargo, el evangelio es el anuncio de lo que Dios ya hizo en Cristo a favor de hombres y mujeres que de ninguna manera hubiesen podido acercarse a Él por sus propios méritos.

No se trata de un consejo, sino de un anuncio. Ya Dios hizo algo extraordinario en un punto particular de la historia, y que debemos recibir por fe para alcanzar Su favor.

El mensaje del evangelio gira en torno a la obra de una Persona

Uno de los pasajes del Nuevo Testamento que mejor resume el contenido del evangelio fue escrito por Pablo en su carta a los corintios:

«Además os declaro, hermanos, el evangelio que os he predicado, el cual también recibisteis, en el cual también perseveráis; por el cual asimismo, si retenéis la palabra que os he predicado, sois salvos, si no creísteis en vano. Porque primeramente os he enseñado lo que asimismo recibí: Que Cristo murió por nuestros pecados, conforme a las Escrituras; y que fue sepultado, y que resucitó al tercer día, conforme a las Escrituras; y que apareció a Cefas, y después a los doce». (1 Cor. 15:1-5)

Las palabras de Pablo evidencian con absoluta claridad que el evangelio es el anuncio de un mensaje centrado en la persona de Cristo y Su obra redentora. Él murió por nuestros pecados, fue sepultado en una tumba y resucitó al tercer día. Si pudiera probarse que alguno de esos hechos históricos en realidad no ocurrió, el evangelio perdería por completo su razón de ser.

En nuestra cultura pluralista muchos parecen pensar que lo importante de una religión es la forma en que te ayuda a ser una mejor persona, independientemente de la veracidad de los hechos que sustentan su mensaje. «Si el cristianismo ha hecho de ti un mejor ser humano, menos egoísta y más entregado a los demás, entonces no importa si Cristo fue un personaje real o una leyenda. Lo importante es el efecto positivo que esa creencia ha producido en ti».

Me pregunto qué hubiera sucedido si, al llegar a la ciudad de Atenas, Filípides hubiera anunciado algo como esto: «He venido a traerles un mensaje de paz y seguridad. No importa si nuestro ejército venció o fue derrotado en la batalla de Maratón; lo importante es que cada uno de ustedes disponga su ser interior para pensar positivo y ser una mejor persona». Es absurdo, ¿no es así? El destino de los atenienses estaba íntimamente relacionado con el resultado de esa batalla. Si Persia hubiera sido el vencedor, la historia de Atenas habría cambiado por completo.

Pues lo mismo podemos decir del evangelio. La buena noticia que el evangelio proclama depende enteramente de los hechos históricos relacionados con la persona y la obra de nuestro Señor Jesucristo. Por eso la declaración de Pablo a los corintios está estructurada en torno a dos hechos clave, seguidos de una confirmación histórica:[2]

Hecho No. 1: «Que Cristo murió por nuestros pecados, conforme a las Escrituras».

Confirmación histórica: «y que fue sepultado».

Hecho No. 2: «y que resucitó al tercer día, conforme a las Escrituras».

Confirmación histórica: «y que apareció a Cefas, y después a los doce».

---

[2] Kevin DeYoung y Greg Gilbert, *What is the Mission of the Church? Making Sense of Social Justice, Shalom, and the Great Commission* (Wheaton, IL, Crossway, 2011), pág. 105.

Si Cristo fuera una leyenda o cualquiera de los eventos asociados con Él en el evangelio fuera un hecho ficticio, entonces el cristianismo no tendría ningún valor. El argumento de Pablo a continuación es contra aquellos que negaban la doctrina de la resurrección en la iglesia de Corinto:

«Porque si no hay resurrección de muertos, tampoco Cristo resucitó. Y si Cristo no resucitó, vana es entonces nuestra predicación, vana es también vuestra fe. Y somos hallados falsos testigos de Dios; porque hemos testificado de Dios que él resucitó a Cristo, al cual no resucitó, si en verdad los muertos no resucitan. Porque si los muertos no resucitan, tampoco Cristo resucitó; y si Cristo no resucitó, vuestra fe es vana; aún estáis en vuestros pecados». (1 Cor. 15:13-17)

El mensaje del evangelio depende de la veracidad histórica de los hechos relacionados con la persona y la obra redentora de Cristo.

Los hechos redentores del evangelio fueron prometidos en el Antiguo Testamento

Pablo insiste en el hecho de que Cristo murió, fue sepultado y resucitó «conforme a las Escrituras». La profunda conexión con las promesas de Dios se presenta de manera precisa en su introducción a la carta a los Romanos:

> «Pablo, siervo de Jesucristo, llamado a ser após- tol, apartado para *el evangelio de Dios, que él había prometido antes por sus profetas en las santas Escri- turas*, acerca de su Hijo, nuestro Señor Jesucristo, que era del linaje de David según la carne, que fue declarado Hijo de Dios con poder, según el Espíritu de santidad, por la resurrección de entre los muer- tos, y por quien recibimos la gracia y el apostolado, para la obediencia a la fe en todas las naciones por amor de su nombre». (Rom. 1:1-5, cursiva añadida)

Pablo enfatiza que Jesús es el Hijo de la promesa dada por Dios a Abraham, y el Rey prometido del linaje de David. Esa es la razón por la que el evangelio de Mateo comienza con la genealogía de nuestro Señor Jesucristo. Este es un tema que aparece reiteradamente en el Nuevo Testamento.[3] Tal vez uno de los pasajes más memorables es el encuentro de Jesús con dos discípulos Suyos que iban camino a Emaús, luego de Su resurrección. Ellos iban comentando los hechos recientes ocurridos en Jerusalén, el arresto y la ejecución de Jesús. Al parecer, ellos daban por sentado que habían come- tido un error al pensar que «él era el que había de redimir a

---

[3] Juan 5:39-40, 46; Hech. 3:24; Rom. 16:25-27; 1 Ped. 1:10-12.

Israel» (Luc. 24:21). Jesús los escuchó con atención y luego les respondió:

> «... Oh insensatos, y tardos de corazón para creer *todo lo que los profetas han dicho*! ¿No era necesario que el Cristo padeciera estas cosas, y que entrara en su gloria? Y comenzando *desde Moisés*, y siguiendo por *todos los profetas*, les declaraba *en todas las Escrituras* lo que de él decían». (Luc. 24:25-27, cursiva añadida)

De manera que es imposible poseer un entendimiento adecuado del contenido y alcance del evangelio, a menos que lo analicemos en el contexto más amplio de la historia de la redención.

Los hechos históricos que el evangelio anuncia acerca de Cristo giran en torno al problema del pecado

Pablo afirma que «Cristo murió por nuestros pecados» (1 Cor. 15:3). Él vino a solucionar el más serio de nuestros problemas por medio de Su muerte en la cruz. Esta no es una verdad muy popular hoy día, porque el hombre contemporáneo se estima demasiado a sí mismo, a la vez que desprecia profundamente la idea de un Dios que tiene derecho a establecer las reglas de juego.

Decía Horacio Bonar, pastor presbiteriano escocés del siglo XIX, que la incredulidad del hombre siempre envuelve dos cosas: «Una buena opinión de sí mismo, y una mala opinión de Dios».[4] El hombre es incrédulo porque se estima demasiado; sabe que no es perfecto y aun puede admitir que toma «decisiones desafortunadas» o «comete errores de juicio». Sin embargo, es incapaz de verse como un pecador que merece el justo juicio de Dios por sus pecados.

Por lo tanto, si queremos ser eficaces en la proclamación del evangelio, nuestro punto de partida no puede ser el amor de Dios, sino Su justicia. Así introduce Pablo su presentación del evangelio en los primeros tres capítulos de su carta a los Romanos,[5] para luego exponer en detalle el impacto de ese pecado en la raza humana (Rom. 3:10-18).

1. Somos injustos delante de Dios por haber violado Su ley moral en incontables ocasiones: «No hay justo, ni aun uno» (v. 10).

2. Nuestro entendimiento está dañado: «No hay quien entienda» (v. 11a). Eso no significa que el hombre incrédulo no pueda entender y recibir información sobre Dios, pero sin la regeneración detestamos lo que pudiéramos llegar a conocer de Dios y de Sus

---

[4]Citado por William Farley; *Gospel Power Humility* (Phillipsburg, NJ, P&R, 2011), pág. 104.

[5]Rom. 1:16-17, 18; 2:3-11; 3:9-10.

caminos o, en el mejor de los casos, reaccionamos con indiferencia.

3. Nuestro corazón es incapaz de inclinarse hacia Dios: «No hay quien busque a Dios» (v. 11b). Los seres humanos sí buscan ansiosamente algunas cosas que los cristianos relacionamos con Dios, como la paz interna, la felicidad o la esperanza. Eso podría llevarnos a pensar, erróneamente, que están buscando a Dios. Pero si el hombre pudiera experimentar todas esas cosas sin tener que recurrir a Dios y someterse a Su señorío, estaría más que agradecido por ello.

4. No podemos hacer lo bueno: «Todos se desviaron, a una se hicieron inútiles; no hay quien haga lo bueno, no hay ni siquiera uno» (v. 12). Para que una acción sea buena delante de Dios tiene que surgir de nuestra fe en Él y tiene que ser motivada por una pasión por Su gloria.[6]

5. El pecado ha dañado nuestro hablar: «Sepulcro abierto es su garganta; con su lengua engañan. Veneno de áspides hay debajo de sus labios; su boca está llena de maldición y de amargura» (vv. 13-14). El Señor dice: «De la abundancia del corazón habla la boca» (Mat. 12:34); la boca es como una ventana a través de

---

[6]William Farley, *op. cit.*, pág. 113.

la cual podemos ver lo que hay en el corazón y, como señala William Farley:

«Un corazón desleal chismea. Un corazón orgulloso critica (a los demás y se justifica a sí mismo por su conducta). Un corazón lleno de ambición egoísta destila envidia. Un corazón que odia difama. Un corazón temeroso habla palabras de ansiedad y angustia. Un corazón que teme a los hombres evita la confrontación o adula. Un corazón inseguro es jactancioso. Un corazón ambicioso habla palabras de autopromoción. Un corazón ingrato se queja y murmura».[7]

6. Por lo tanto, el pecado ha dañado profundamente nuestras relaciones humanas: «Sus pies se apresuran para derramar sangre; quebranto y desventura hay en sus caminos; y no conocieron camino de paz» (vv. 15-17). Puede ser que muchos no se sientan identificados con esta descripción del hombre en su impiedad, pero, según Jesús, la violación del mandamiento: «No matarás», no solo se circunscribe al acto homicida, sino que también abarca la ira pecaminosa que precede al asesinato, así como a las palabras hirientes que dan rienda suelta a la ira.[8]

---

[7] *Ibid.*, págs. 113-114.
[8] Mat. 5:21-22.

7. Sin embargo, el impacto más terrible del pecado en la raza humana es que ha distorsionado nuestra percepción de Dios y, por lo tanto, no nos permite reverenciarle como es debido: «No hay temor de Dios delante de sus ojos» (v. 18).

Esa es la condición del ser humano en su pecado que hizo necesaria la venida de un Salvador. Jesús no vino al mundo para enseñar a los hombres buenos cómo ser más buenos o más espirituales. Él vino a salvarnos del terrible impacto que el pecado ha producido en todas las áreas de nuestras vidas y, sobre todas las cosas, en nuestra relación con Dios. En el siguiente capítulo hablaremos más ampliamente sobre este tema.

Capítulo 2

Una rebelión cósmica

La mayor campaña aérea durante la Segunda Guerra Mundial comenzó el 15 de agosto de 1940. Alemania atacó las islas británicas con unos mil bombarderos y setecientos aviones de caza, tratando de ganar el control del Canal de la Mancha. Los aviones alemanes doblaban en número a los británicos.

Al día siguiente, Winston Churchill estaba en la sala de control. Allí había una mesa enorme que representaba el campo de batalla. Encima de la mesa se colocaron varias piezas que representaban los aviones alemanes y un panel con bombillas mostraba la ubicación de los aviones británicos. Una bombilla apagada indicaba que ese avión estaba en tierra todavía y una bombilla encendida que ya estaba en el aire. De repente todas las bombillas se encendieron, indicando que todos los aviones de la Real Fuerza Aérea Británica estaban en acción.

Después de un tiempo de mucha tensión, los alemanes se vieron obligados a regresar a sus bases. Los aviones británicos habían detenido su avance. Este fue un evento determinante para el futuro de la guerra y, por lo tanto, para el futuro de toda Europa.

Cuenta la historia que Churchill salió de la sala de control muy emocionado, entró en su auto junto al secretario del Gabinete de Guerra y en ese momento pronunció una de sus frases más famosas: «Nunca, en el ámbito del conflicto humano, tantos debieron tanto a tan pocos». Tomando prestada esta frase de Churchill, podríamos resumir el contenido del evangelio con estas palabras: «Hasta la venida de Cristo y Su muerte en la cruz, nunca antes tantos le debieron tanto a un solo Hombre».

El apóstol Pablo dice algo similar en su carta a los romanos, solo que a diferencia de Churchill sus palabras fueron escritas bajo inspiración divina:

> «Pues si por la transgresión de uno solo [Adán] reinó la muerte, mucho más reinarán en vida por uno solo, Jesucristo, los que reciben la abundancia de la gracia y del don de la justicia. Así que, como por la transgresión de uno [Adán] vino la condenación a todos los hombres, de la misma manera por la justicia de uno [Jesucristo] vino a todos los hombres la justificación de vida. Porque así como por la desobediencia de un hombre [Adán] los muchos fueron constituidos pecadores, así también por la obediencia de uno [Jesucristo], los muchos serán constituidos justos». (Rom. 5:17-19)

Hay una similitud entre Adán y Cristo, pero al mismo tiempo una diferencia abismal entre los dos. Adán fue un personaje histórico real que prefigura a Cristo, en el sentido de que ambos impactaron a la raza humana. A eso se refiere Pablo al decir que Adán es una figura o tipo de Cristo (v. 14). Lo que hizo Adán afectó a todos los que descienden de él; lo que hizo Jesús trae bendición sobre todos los que están unidos a Él por la fe. Pablo dice en otra de sus cartas: «Porque así como en Adán todos mueren, también en Cristo todos serán vivificados» (1 Cor. 15:22).

Cabe preguntar, entonces, ¿cómo puede ser posible que millones de pecadores reciban el favor de Dios por la obra de un solo Hombre? Parafraseando las palabras de Churchill, ¿cómo puede ser que por un solo Hombre tantos hayan recibido tanta bendición? Para responder a esta pregunta debemos ver primero cómo el pecado de un hombre trajo tanta desgracia a toda la raza humana.

La creación del ser humano a imagen y semejanza de Dios

En el capítulo anterior vimos que el evangelio se encuentra enraizado en la promesa de Dios en el Antiguo Testamento de que enviaría un Salvador. Esa promesa solo puede ser comprendida a la luz de la revelación bíblica en los primeros tres capítulos del libro de Génesis. Esa información es fundamental para tener un entendimiento cabal de la obra salvadora de Cristo. El apóstol Juan declara en su primera carta que el Señor Jesucristo vino a «deshacer las obras del diablo» (1 Jn. 3:8). Debemos contemplar al ser humano en su estado original, antes de la entrada del pecado, para poder entender qué fue lo que el diablo dañó y lo que Jesús vino a deshacer. Comencemos, entonces, en el principio, cuando Dios hizo al hombre al sexto día de la creación a Su imagen y semejanza:

> «Entonces dijo Dios: Hagamos al hombre a nuestra imagen, conforme a nuestra semejanza; y señoree en los peces del mar, en las aves de los cielos, en las bestias, en toda la tierra, y en todo animal que se arrastra sobre la tierra. Y creó Dios al hombre a su imagen, a imagen de Dios lo creó; varón y hembra los creó. Y los bendijo Dios, y les dijo: Fructificad y multiplicaos; llenad la tierra, y sojuzgadla, y señoread en los peces del mar, en las aves de los cielos, y en todas las bestias que se mueven sobre la tierra». (Gén. 1:26-28)

A diferencia del resto de los seres vivos (que fueron creados «según su género», «según su naturaleza» y «según su especie»,[1] el hombre y la mujer fueron creados a imagen y semejanza de Dios. Aunque no es la intención de esta obra discutir ampliamente en qué consiste la imagen divina en el ser humano, al menos debemos saber que fuimos creados para reflejar la imagen de Dios a través de una vida santa, justa, pura e inteligente (racional). En otras palabras, existimos para glorificar a Dios en la misma medida en que podamos representarlo

---

[1]Comp. Gén. 1:11, 12, 21, 24, 25.

con fidelidad. A mayor semejanza, mayor glorificación (Isa. 43:6-7). Estos dos conceptos de «imagen» y «gloria» se encuentran íntimamente relacionados en las Escrituras.[2]

De lo anterior se desprende que los seres humanos debemos representar a Dios a través de nuestras obras en el mundo. En Génesis encontramos lo que ha sido señalado correctamente como «el mandato cultural» dado por Dios a la humanidad. El Señor establece el deber impuesto sobre toda la raza humana de «cultivar» la tierra en Su nombre (Gén. 1:26-28). Con frecuencia se pierde de vista que el mandato cultural es parte de la responsabilidad más amplia de operar como imágenes vivientes de Dios. La humanidad habría de imitar la actuación de Dios tal como se revela en los primeros dos capítulos de Génesis al cumplir el mandato cultural (subyugando, gobernando, multiplicándose y reposando). De esa manera se esperaba que le glorificáramos en nuestra condición original: reflejando a Dios en nuestro *ser* y en nuestro *hacer*.

Glorificamos a Dios cuando lo reflejamos en nuestro *ser* y *hacer*.

Sin embargo, había un peligro que amenazaba el cumplimiento de ese plan. Moisés relata en Génesis que Dios tomó al hombre y lo colocó en el huerto de Edén «para que lo labrara y lo guardase» (Gén. 2:15). La misma raíz hebrea

---

[2]Comp. Sal. 106:19-20; Jer. 2:11; Rom. 1:22-23; 2 Cor. 3:18.

que RVR60 traduce como «guardar» es usada para referirse a los querubines que fueron colocados después de la Caída en la entrada del huerto de Edén «para guardar el camino del árbol de la vida» (Gén. 3:24).

Ahora bien, si Adán habitaba en un mundo perfecto y sin pecado, es válido preguntarnos, ¿de qué se supone que Adán tenía que proteger el huerto? ¿Cuál era el peligro que amenazaba el Jardín y, por consiguiente, a nuestros primeros padres? Podríamos ir aún más profundo y hacer una pregunta que considero crucial, ¿qué debía hacer Adán para proteger el huerto y protegerse a sí mismo y a su descendencia de esa amenaza? El resto del pasaje parece proveernos una pista que nos ayuda a resolver estas interrogantes. Dios le da una orden expresa inmediatamente después de colocar a Adán en el huerto y darle, por así decirlo, la descripción de su trabajo:

«Y mandó Jehová Dios al hombre, diciendo: De todo árbol del huerto podrás comer; mas del árbol de la ciencia del bien y del mal no comerás; porque el día que de él comieres, ciertamente morirás». (Gén. 2:16-17)

Algunos han concluido, partiendo de las palabras de este texto, que Dios estaba tratando de impedir que Adán y Eva adquirieran conocimiento. Sin embargo, en otras partes de la Escritura Dios nos ordena amarle con todo nuestro corazón, con toda nuestra alma *y con toda nuestra mente* (Mat. 22:37).

En el mismo sentido, Pablo señala que Dios demanda de nosotros un culto racional (Rom. 12:1). Volvemos entonces a preguntarnos, ¿qué implicaba la prohibición que encontramos en Génesis?

Lo primero que debemos notar es que la expresión «la ciencia del bien y del mal» aparece en otros lugares de la Biblia para hablarles a aquellos que están en autoridad con respecto al deber que tienen de hacer distinciones morales. Salomón emplea una frase similar cuando le pide a Dios «un corazón entendido para juzgar a tu pueblo, *y para discernir entre lo bueno y lo malo*» (1 Rey. 3:9). Entonces es posible deducir que este árbol en el huerto de Edén debía servir al hombre para que, de alguna manera, aprendiera a ejercitar su discernimiento entre el bien y el mal, no como mera teoría, sino de forma experiencial.

Supongamos que los padres de un niño le prohíben ver cierto programa de Netflix porque ellos consideran que no es apropiado para su edad. La prohibición paterna permite que este muchacho conozca de forma teórica que no es correcto que vea ese programa. Supongamos que ese niño visita una familia donde los hijos son mayores de edad y se les permite ver el programa que tiene prohibido. Esta sería una excelente oportunidad para que el niño demuestre que realmente confía en la decisión de sus padres como lo mejor para él y manifestar su disposición a obedecerlos en todo lugar y circunstancia. Si decide abstenerse de ver el programa, entonces habrá adquirido una experiencia de discernimiento que seguramente le será muy útil en otras circunstancias similares. Pues algo similar habría ocurrido con Adán y Eva si se hubiesen abstenido de comer la fruta prohibida. En otras palabras, ellos debían adquirir conocimiento experiencial para discernir el bien del mal, pero no desobedeciendo y comiendo del árbol, sino sometiéndose al Señor y dejando de hacerlo cuando se presentó la tentación.

¿Cómo puede ser malo si se siente tan bien?

Como hemos visto anteriormente, los seres humanos fuimos creados para operar como imagen viviente de Dios en el mundo, pero eso solo podía suceder si Adán y Eva permanecían confiando plenamente en Su Palabra y adorándole únicamente a Él. Si los primeros padres decidían comer de la fruta prohibida y desobedecían lo que Dios había estipulado con tanta claridad, entonces era evidente que estaban cambiando el centro de su adoración y confianza. Esa decisión contraria a la voluntad de Dios les acarrearía repercusiones terribles en su responsabilidad de representar adecuadamente a Dios. Lamentablemente, eso fue lo que ocurrió en el jardín del Edén:

> «Pero la serpiente era astuta, más que todos los animales del campo que Jehová Dios había hecho; la cual dijo a la mujer: ¿Conque Dios os ha dicho: No

comáis de todo árbol del huerto? Y la mujer respondió a la serpiente: Del fruto de los árboles del huerto podemos comer; pero del fruto del árbol que está en medio del huerto dijo Dios: No comeréis de él, ni le tocaréis, para que no muráis. Entonces la serpiente dijo a la mujer: No moriréis». (Gén. 3:1-4)

Hay una ironía sorprendente en este pasaje tan familiar de las Escrituras que no podemos perder de vista. Ya hemos visto que Adán y Eva eran las únicas criaturas del planeta creadas a imagen y semejanza de Dios. Ellos eran corregentes bajo el gobierno soberano de Dios sobre todo lo creado, incluyendo toda bestia del campo y todo animal que se arrastra sobre la tierra (Gén. 1:26). Sin embargo, Satanás invierte la situación de una forma muy sutil. Él usa precisamente a un animal «que se arrastra sobre la tierra» y no solo somete a Eva a un interrogatorio, sino que tiene la osadía de cuestionar al mismo Dios. Russell Moore dice que la serpiente hizo que Eva actuara como si fuera ella la que estuviera sujeta al dominio del animal.[3] Por lo tanto, el diablo no solo atacó la integridad de Dios al poner en duda Su Palabra (Gén. 3:1), sino también la identidad de Eva al llevarla a comportarse como si ella y la serpiente estuvieran al mismo nivel. Pero el asunto llegó aún más lejos.

---

[3] Russell D. Moore, *Tempted and Tried* (Wheaton, IL, Crossway, 2011), pág. 29.

Cuando Satanás logró que Eva olvidara su identidad como ser creado a imagen y semejanza de Dios, entonces de inmediato puso en su mente la sorprendente idea de que ella merecía ser tratada como una diosa:

> «Entonces la serpiente dijo a la mujer: No moriréis; sino que sabe Dios que el día que comáis de él, serán abiertos vuestros ojos, y seréis como Dios, sabiendo el bien y el mal. Y vio la mujer que el árbol era bueno para comer, y que era agradable a los ojos, y árbol codiciable para alcanzar la sabiduría; y tomó de su fruto, y comió; y dio también a su marido, el cual comió así como ella». (Gén. 3:4-6)

¿Captas la ironía de la actuación satánica? En primer lugar, coloca a la mujer al nivel de un animal… ¡para luego hacerle creer que ese es el camino para llegar a ser igual a Dios! Puede parecer muy contradictorio ¡porque lo es! Pero esa es la manera en que el diablo trata con el ser humano desde entonces. Por un lado, nos lleva a creer que no podemos ir en contra de nuestros instintos y apetitos como si fuéramos animales, pero al mismo tiempo nos quiere hacer creer que llegaremos a ser dioses si vivimos de ese modo.

La serpiente coloca a la mujer al nivel de un animal, para luego

**hacerle creer que ese es el camino
para llegar a ser igual a Dios.**

Adán y Eva cambiaron el centro de su adoración del Creador a las criaturas.[4]¿Cuál fue el resultado de ese horrible intercambio? Comenzaron a reflejar algunas de las odiosas características de Satanás como la mentira, el orgullo y el egoísmo. En vez de reflejar a Dios como debían, ahora comenzarían a reflejar otros rasgos de carácter opuestos al de Dios.

Ese es el problema de la idolatría: El ser humano termina pareciéndose al objeto de su adoración. Si adoramos al Dios vivo y verdadero, gradualmente nos iremos pareciendo a Él. Nuestra adoración genuina al Dios soberano permitirá que cumplamos así el propósito para el cual fuimos creados: ser Sus imágenes vivientes en el mundo. Por el contrario, si adoramos cualquier otra cosa, también nos iremos conformando poco a poco a ella. El salmista, en el Salmo 115:3-8, hace una comparación entre el Dios viviente y los ídolos, para concluir diciendo:

«Semejantes a ellos son los que los hacen,
y cualquiera que confía en ellos».
(Sal. 115:8)[5]

---

[4]Comp. Rom. 1:22-25.
[5]Comp. Sal. 135:15-18; Isa. 44:9-20; Rom. 1:18-22.

Los ídolos son impotentes porque no tienen vida, y así también los idólatras son incapaces de operar en este mundo como debieran porque no tienen vida espiritual. Están tan muertos como sus ídolos. Por eso dice el salmista que tienen ojos y no ven, y orejas, pero no escuchan (Sal. 115:6). Los idólatras tienen los sentidos espirituales embotados porque no perciben las cosas como realmente son. Jeremías señala esa incapacidad cuando dice: «Se fueron tras la vanidad y se hicieron vanos» (Jer. 2:5).

De manera que el pecado dañó a la raza humana en diferentes niveles. Desfiguró la imagen de Dios con la que fue creado el ser humano, pero, al mismo tiempo, le hizo contraer una deuda espiritual con Dios de enormes proporciones. El ser humano se hizo culpable de traición, reo de la justicia infinita del Dios infinito. No solo se convirtió en transgresor, sino que también se quedó corto e incapaz de alcanzar la justicia y santidad de vida por medio de la cual debía glorificar a Dios.

«Por cuanto todos pecaron, y están destituidos de la gloria de Dios» (Rom. 3:23)

Es importante resaltar que el pecado de Adán no solo lo afectó a él, sino a todos sus descendientes; él pecó como individuo, pero también como representante de la raza humana. Su pecado nos arrastró a todos nosotros.

Adán pecó como cabeza federal
de la raza humana

Pablo se refiere a esta tragedia cuando declara: «Por tanto, como el pecado entró en el mundo por un hombre, y por el pecado la muerte, así la muerte pasó a todos los hombres, por cuanto todos pecaron» (Rom. 5:12). El apóstol resume en este texto la historia de la degradación humana en tres pasos descendentes:

El pecado entró en el mundo por un hombre,
con la entrada del pecado vino la muerte,
y la muerte se extendió sobre todos los
hombres, por cuanto todos pecaron.

El pecado es presentado aquí como un invasor que penetró en este mundo para corromper la buena creación de Dios. Por decirlo de alguna manera, Adán fue el que le abrió la puerta de par en par y le entregó las llaves de la ciudad. El pecado se originó con Satanás, pero entró en el mundo por la desobediencia de Adán. Por causa de ese primer acto de rebelión toda la raza humana que desciende de él hereda la culpa y la corrupción de ese primer pecado. Es a eso que los teólogos llaman «pecado original».

La enseñanza de Pablo no es meramente que todos los seres humanos que vinieron después de Adán pecaron y se rebelaron contra Dios como él lo hizo. Eso es verdad. Pero Pablo está enseñando otra cosa en este texto de Romanos. Para explicarlo es necesario hacer una observación gramatical. El verbo «pecaron» en este texto se encuentra en un tiempo griego que señala una acción única que se llevó a cabo en el pasado.

De manera que lo que Pablo está diciendo es que en ese momento histórico en que Adán pecó, todos pecamos en él. Si no entendemos esta doctrina bíblica, tampoco podremos entender la obra de Cristo a nuestro favor. Adán fue designado por Dios como representante de la raza humana. Para usar un lenguaje teológico más preciso, él era nuestra «cabeza federal». La palabra «federal» proviene de una palabra latina que significa «pacto». Dios siempre ha tratado con la raza humana por medio de un representante a través de pactos.

La cabeza o representante federal es una persona, quien a través de una relación de pacto sustituye a otra o actúa en representación de otra. Aunque este concepto puede parecer confuso ante la primera impresión, en realidad no es tan extraño como parece. Pensemos en la historia bíblica de David y Goliat.[6] Ambos representaban a sus respectivos pueblos, de tal manera que la victoria de uno era la victoria de todos, así como la derrota de uno era la derrota de todos. Otro ejemplo que puede ayudarnos a entender mejor

---

[6] 1 Sam. 17.

el concepto de cabeza federal es el de un gobernante que le declara la guerra a otro. Esa no es una acción individual, porque el rey o el presidente están actuando como representantes de toda una nación. Si el gobernante declara la guerra, todos estamos en guerra. Si la pierde, todos perdemos.

De la misma manera, Adán se rebeló contra Dios como nuestro representante y no solo corrompió a toda su descendencia, sino que también la involucró en su declaración de guerra contra Dios. Aunque tú y yo somos responsables de nuestros propios pecados, al mismo tiempo pertenecemos a una raza culpable y corrupta por causa del pecado de Adán. Ese es el énfasis de Pablo en Romanos:

- Pablo nos dice que «por la transgresión de uno murieron los muchos» (5:15).
- «el juicio surgió a causa de una transgresión, resultando en condenación» (5:16).
- «por la transgresión de uno... reinó la muerte» (5:17).
- «una transgresión resultó en condenación para todos los hombres» (5:18).
- «por la desobediencia de un hombre los muchos fueron constituidos pecadores» (5:19).

El pecado de Adán le fue imputado a toda la raza humana. Puede que esto te parezca un arreglo injusto. Sin embargo, como espero mostrar en los próximos capítulos, es una muy buena noticia que Dios trate con nosotros a través de un representante, porque de no haber sido así, tendríamos que representarnos a nosotros mismos en Su tribunal y no habría salvación para nadie.

La promesa evangélica

En medio del panorama tan sombrío de Génesis, encontramos la sorprendente y extraordinaria promesa de que Dios enviaría a un Salvador que libraría a la raza humana de la condenación y consecuencias de la rebelión de nuestros primeros padres (Gén. 3:15). La serpiente sería vencida por medio de un descendiente de la mujer, es decir, por un miembro de la raza humana.

Todo cuanto se revela en las Escrituras a partir de entonces gira en torno a esa promesa de redención. Esa es la Gran Historia alrededor de la cual giran todas las demás historias de la revelación divina. Dios no se quedaría de brazos cruzados viendo a Satanás hacer estragos en Su creación, especialmente en las criaturas que Él hizo para que operaran como Sus imágenes vivientes.

En el próximo capítulo veremos cómo ese Salvador prometido es nuestro Señor Jesucristo, quien se encarnó y vino a ser nuestro representante perfecto, quién se ofrecería por nuestra redención, pero también viviría para que vivamos por Él.

Capítulo 3

El segundo Adán que vivió y obedeció por mí

Hasta ahora hemos visto que debemos interpretar la obra salvadora de Cristo en el contexto del problema multiforme causado por la entrada del pecado en el mundo. Hay una deuda que debe ser saldada, una justicia positiva que debe ser alcanzada y una imagen divina que debe ser restaurada. Eso fue precisamente lo que Cristo vino a hacer como nuestro representante, y para lograrlo no solo debía morir por nosotros sino también vivir por nosotros.

Como dice el teólogo Wayne Grudem: «[Él] tenía que obedecer la ley durante toda su vida en nombre nuestro a fin de que los méritos positivos de su perfecta obediencia fueran contados a nuestro favor».[1] En este capítulo voy a enforcarme en dos episodios críticos de la vida de Jesucristo que están íntimamente relacionados entre sí y que evidencian

---

[1] Wayne Grudem, *Teología Sistemática* (Miami, FL, Editorial Vida, 2007), pág. 598.

este aspecto representativo de Su obra salvadora: Su bautismo en el Jordán y la tentación en el desierto.

El bautismo en el Jordán

El Señor Jesús cerró para siempre el taller de carpintería en algún momento después de haber cumplido 30 años y le dio inicio a Su ministerio público. Sin embargo, en vez de dirigirse a la plaza o al templo de Jerusalén para proclamar abiertamente Su identidad como el Mesías prometido, se dirigió al río Jordán, donde estaba Juan el Bautista bautizando a muchos. Juan también había comenzado su ministerio unos cuantos meses atrás al presentarse a sí mismo como una voz que clamaba en el desierto para preparar a los hombres para recibir al Mesías (ver Mat. 3:1-3).

Juan el Bautista estaba inmerso en su labor cuando, de repente, vislumbra entre la multitud que se acerca una figura conocida. No cabe duda de que Jesús viene caminando hacia él. Se trataba del mismísimo Señor de gloria a quien Juan había estado anunciando al pueblo. Juan pensó tal vez que Jesús había venido a bautizarlo; después de todo, el bautista era también un pecador que necesitaba mostrar su arrepentimiento pasando por las aguas del bautismo. Sin embargo, ocurre algo totalmente inesperado: en vez de disponerse a bautizar a Juan, el Señor de gloria le pide ser bautizado:

«Entonces Jesús vino de Galilea a Juan al Jordán, para ser bautizado por él. Mas Juan se le oponía, diciendo: Yo necesito ser bautizado por ti, ¿y tú vienes a mí?» (Mat. 3:13-14).

Juan el Bautista estaba totalmente confundido. Lo que el Señor le está pidiendo no parece encajar en la información que tenía sobre la pureza y la santidad del Mesías prometido. Jesús aclara sus dudas cuando le dice: «Deja ahora, porque así conviene que cumplamos toda justicia» (Mat. 3:15). Jesús no niega que Él fuera sin pecado y superior a Juan el Bautista, pero, al mismo tiempo, le hace ver que en ese momento era apropiado que lo hicieran de ese modo. Él no necesitaba ese bautismo de arrepentimiento, pero nosotros sí lo necesitábamos por causa de nuestros pecados.

Este acto público permitía demostrar que Él había venido a identificarse plenamente con nosotros. Como bien afirma Ken Gire, Jesús descendió del cielo en Su nacimiento para tomar nuestra naturaleza, pero «en el bautismo descendió todavía más para tomar nuestra vergüenza».[2] Inmediatamente después del bautismo sucedió algo extraordinario: Dios el Espíritu descendió sobre Dios el Hijo en forma de paloma, y Dios el Padre testificó por medio de una voz audible que Él era el Hijo de Su amor (Mat. 3:17).

---

[2] Ken Gire, *Moments with the Savior* (Grand Rapids, MI, Zondervan, 1998), pág. 58.

La tentación en el desierto

Los relatos del bautismo de Jesús y la tentación en el desierto no solo se encuentran conectados de forma cronológica en los evangelios, sino que también están relacionados de forma teológica. Ambos eventos juegan un papel de vital importancia en la historia de la redención. Alguien dijo alguna vez que los cabellos de Jesús todavía estaban mojados del bautismo cuando fue llevado por el Espíritu al desierto para ser tentado.[3] Ya Dios lo acababa de señalar públicamente como Su Hijo y ese será precisamente el punto de partida de la tentación diabólica:

«Y hubo una voz de los cielos, que decía: Este es mi Hijo amado, en quien tengo complacencia […]. Y vino a él el tentador, y le dijo: Si eres Hijo de Dios, di que estas piedras se conviertan en pan». (Mat. 3:17; 4:3)

El sentido en que se usa la expresión «ser el Hijo de Dios» en los Evangelios para referirse a Jesús no es otra cosa que una afirmación de Su Deidad.[4] Sin embargo, esta frase también tiene la intención de señalar a Jesús como Aquel que,

---

[3] Russell D. Moore, *Tempted and Tried* (Wheaton, IL, Crossway, 2011), págs. 30-31.

[4] Comp. Juan 5:17-18.

siendo Dios, se estaba identificando plenamente con la raza humana y que desde esa posición recobraría lo que Adán y Eva perdieron en Edén. En ese sentido, como lo explica Moore, «el bautismo fue la inauguración del reinado de Jesús y una declaración de guerra».[5] Jesús había venido como hombre para vencer la tentación en el mismo terreno en que el primer hombre fue derrotado.

> **Jesús es llamado Hijo de Dios para señalar que, aun siendo Dios, se identifica plenamente con la raza humana y recobraría lo que Adán y Eva perdieron en Edén.**

Podemos observar esto más claramente en el relato que nos ofrece Lucas en su Evangelio. Primero narra el bautismo (Luc. 3:21-22) y posteriormente la tentación (Luc. 4:1-13).[6] Sin embargo, en medio de los dos relatos, Lucas introduce una larga genealogía que no rastrea la ascendencia de Jesús hasta David, como lo hace el evangelio de Mateo, sino hasta Adán, el primer hombre (Luc. 3:23-38). En otras palabras, Lucas nos lleva de regreso al Jardín del Edén, porque tanto el bautismo como la tentación están directamente relacionados con lo que

---

[5]Moore, *op. cit.*, pág. 32.
[6]Ese mismo orden se encuentra en los Evangelios de Mateo y Marcos.

sucedió en el huerto al inicio de la historia humana. Jesús fue bautizado en el Jordán y tentado en el desierto de Judea como descendiente de Adán y como simiente de la mujer. Él se enfrenta a Satanás como nuestro representante y en la misma condición humana en la que Adán fue derrotado.[7]

El contraste entre los relatos del Génesis y Mateo no podía ser más marcado. Adán fue tentado en un jardín cuando contaba con todas sus necesidades cubiertas y sin ningún peligro físico que amenazara su integridad, pero aun así pecó. Jesús fue tentado en un lugar completamente inhóspito,[8] sin nada que comer y rodeado de peligros, pero en medio de esas circunstancias tan difíciles no cedió ni se desvió un milímetro del camino de la obediencia.

El pecado de Adán hizo que este mundo viniera a ser un lugar bajo la maldición de Dios, pero la victoria de Jesús ha conseguido que algún día todos los efectos del pecado sean eliminados y este mundo volverá a ser un paraíso bendito.[9] El pecado de Adán hizo que toda su descendencia venga a ser esclava del pecado, pero por la victoria de Jesús, todos aquellos que han venido a ser hijos de Dios por medio de la fe en Él, han sido libertados de esa tiranía y ya no tienen por qué someterse a sus demandas nunca más.

Debemos considerar ese trasfondo al analizar el relato de la tentación, porque Satanás trató de hacer con Jesús lo mismo

---

[7] Comp. Heb. 2:14-18; 4:15.

[8] Marcos dice que estaba con las fieras (Mar. 1:12-13).

[9] Comp. Rom. 8:18-21.

que hizo con Eva: atacar Su identidad como Hijo de Dios, para luego apelar a sus deseos legítimos. Cuando Satanás le sugirió que convirtiera las piedras en pan (un elemento esencial en la dieta de un judío en aquellos días), es muy probable que viniera a la memoria del Señor ese olor tan delicioso que emana de un pan recién horneado y que estimula tanto el apetito. Satanás estaba apelando a los deseos legítimos de Cristo para aprovecharse y tomar control sobre Él, como lo hizo con Adán y Eva en el huerto de Edén.

Cabe preguntarse si la tentación de Jesús fue real. Pienso que Moore tiene razón al afirmar que Jesús fue torturado en el desierto de la tentación, pero no porque deseara algo prohibido, sino porque Él también poseía aquellos deseos humanos naturales y buenos que lo atraían hacia esas buenas cosas que temporalmente le habían sido negadas.[10] Era natural que Jesús deseara comer y que lo deseara intensamente después de 40 días de ayuno. Es muy probable que la mera idea de convertir esas piedras en pan acrecentara en Él un sentido de urgencia para saciar su apetito, pero aun así no cedió a la sugerencia del diablo.

Él sabía lo que estaba detrás de esa oferta satánica. Si Jesús decidía hacer uso de Su poder para convertir las piedras en pan, entonces estaba aceptando la sugerencia velada de Satanás con respecto al cuidado paternal de Dios. ¿No había declarado Dios que Jesús era Su Hijo amado en quien tenía complacencia? ¿No es el pan una de las cosas que los padres

---

[10]Moore, *op. cit.*, pág. 45.

amorosos proveen para sus hijos (Mat. 7:9)? Ceder a la tentación haciendo uso de Su poder para saciar Su hambre era negar el cuidado paternal de Dios.

Pero había algo más detrás de esta tentación. Satanás no solo trató que Jesús pusiera en duda el cuidado paternal de Dios, sino también que se dejara controlar por Sus apetitos y se convirtiera en un idólatra, como ocurrió con Adán y Eva en el Jardín de Edén. Con una osadía sin paralelo en toda la historia humana, Satanás trató de que la imagen de Dios en el Hijo también fuera desfigurada y así dejar a la raza humana sumida en su condenación, sin posibilidad alguna de restauración. ¡Pero el segundo Adán salió victorioso de la prueba! Y así como el primer Adán nos arrastró en su rebelión y desobediencia, el segundo nos favoreció con Su victoria.

De manera que la obra redentora de Cristo no se limita únicamente a Su muerte en la cruz, sino también a Su vida de completa obediencia. Él murió en nuestro lugar; pero también obedeció en nuestro lugar. Él nos representa en Su vida y en Su muerte.

Jesús, nuestro Sumo Sacerdote

Es a la luz de la necesidad de representar a la raza humana en la presencia de Dios que debemos considerar el oficio sumo sacerdotal del Señor Jesucristo. Durante el antiguo pacto el rey era el representante de Dios ante el pueblo, mientras que el sacerdote era el representante del pueblo ante Dios, como bien apunta Ortlund: «El rey proveía autoridad sobre el pueblo, el sacerdote se solidarizaba con el pueblo».[11] El autor de la carta a los Hebreos dice al respecto:

> «Porque todo sumo sacerdote tomado de entre los hombres es constituido a favor de los hombres en lo que a Dios se refiere, para que presente ofrendas y sacrificios por los pecados». (Heb. 5:1)

Este texto nos provee tres enseñanzas clave sobre el oficio sumo sacerdotal. En primer lugar, el sumo sacerdote debía ser «tomado de entre los hombres», es decir, debía pertenecer a la raza humana. En segundo lugar, era constituido por Dios «a favor de los hombres en lo que a Dios se refiere»; en otras palabras, el sumo sacerdote debía velar por el bienestar del ser humano en lo que respecta a su relación con Dios. Su función era obtener la buena voluntad de Dios a favor del hombre. Por último, también se nos enseña que la única manera en que el sumo sacerdote podía procurar la buena voluntad de Dios para con la humanidad era presentando «ofrendas y sacrificios por los pecados»; de manera que la función del sumo sacerdote está relacionada con el mayor problema de la raza humana: su culpabilidad y corrupción por causa del pecado.

---

[11] Dane C. Ortlund, *Manso y humilde* (Nashville, TN, B&H, 2021), pág. 53.

Como veremos a continuación, Jesús nos representa como sumo sacerdote delante de Dios habiéndose ofrecido a Sí mismo «una vez y para siempre» como el sacrificio perfecto que nos hace aceptos y sin mancha delante de Él (Heb. 10:11). También intercede por nosotros en la presencia de Dios y asegura así nuestra preservación y salvación:

> «Y los otros sacerdotes llegaron a ser muchos, debido a que por la muerte no podían continuar; mas este, por cuanto permanece para siempre, tiene un sacerdocio inmutable; por lo cual puede también salvar perpetuamente a los que por él se acercan a Dios, viviendo siempre para interceder por ellos». (Heb. 7:23-25)

Él fue tanto el sacerdote que ofició el sacrificio como el Cordero que fue sacrificado.[12] Todos los sacerdotes del Antiguo Testamento eran apenas una sombra que apuntaban hacia el sacerdote perfecto: nuestro bendito Señor y Salvador Jesucristo; y todos los sacrificios prescritos en la ley de Moisés no eran más que una representación del sacrificio de Sí mismo a nuestro favor. En el próximo capítulo examinaremos con más detalle el sacrificio perfecto realizado por nuestro Señor Jesucristo en la cruz del Calvario.

---

[12]Comp. Juan 1:29; 1 Cor. 5:7; Heb. 9:11-14; 10:10-14; 1 Ped. 1:18-19; Apoc. 5:6-10.

Capítulo 4

El glorioso intercambio

Una de las obras más famosas de Shakespeare es la tragedia romántica de Romeo y Julieta. Ella es una Capuleto y él es un Montesco. Son miembros de dos familias que se aborrecen mutuamente. Ante la imposibilidad de vivir su amor, ella le pide a su amado que olvide su nombre y se dedique a ella por entero:

«JULIETA. ¡Ah, Romeo, Romeo! ¿Por qué eres Romeo? Niega a tu padre y rechaza tu nombre, o, si no, júrame tu amor y ya nunca seré una Capuleto.

ROMEO. ¿La sigo escuchando o le hablo ya?

JULIETA. Mi único enemigo es tu nombre. Tú eres tú, aunque seas un Montesco. ¿Qué es "Montesco"? Ni mano, ni pie, ni brazo, ni cara, ni parte del cuerpo. ¡Ah, ponte otro nombre! ¿Qué tiene un nombre? Lo que llamamos rosa sería tan fragante con cualquier otro nombre. Si Romeo no se llamase Romeo, conservaría

su propia perfección sin ese nombre. Romeo, quí-
tate el nombre y, a cambio de él, que es parte de ti,
¡tómame entera!».[1]

Es comprensible la exasperación de Julieta al verse imposi-
bilitada de unirse a su amado. ¡Todo por causa de un nombre!
Después de todo, «¿Qué tiene un nombre?». Para decirlo en
un lenguaje menos shakesperiano: ¿Qué importancia tiene la
nomenclatura que usemos para referirnos a algo o a alguien?
A fin de cuentas: «Lo que llamamos rosa sería tan fragante con
cualquier otro nombre».

Desafortunadamente, muchos creyentes parecen experimentar la misma exasperación que Julieta con respecto a la
precisión teológica. Se preguntan: «¿Acaso no basta con saber
que Cristo murió por mí? El aroma de la salvación sigue
siendo fragante para mí, sin necesidad de conocer todas esas
sutilezas doctrinales de las que suelen hablar los teólogos».

Comprendo la inquietud, pero no la comparto. Si bien
es cierto que no necesitamos ser expertos en teología para
ser salvos, también es cierto que todo lo que Dios nos reveló
en Su Palabra por medio de la inspiración del Espíritu
Santo, es «útil para enseñar, para redargüir, para corregir,
para instruir en justicia, a fin de que el hombre de Dios
sea perfecto, enteramente preparado para toda buena obra»
(2 Tim. 3:16-17). Mientras mejor conozcamos el diamante

---

[1] *Romeo y Julieta* de William Shakespeare (Acto II, Escena II).

del evangelio, mayor será nuestra gratitud por lo que Dios hizo en Cristo para salvarnos, y mejor equipados estaremos para luchar contra el pecado y vivir para la gloria de Dios.

En el capítulo anterior vimos que la perfecta obediencia de Cristo al Padre es un aspecto de crucial importancia para nuestra salvación, pero es indudable que Su muerte en la cruz ocupa un lugar central en Su obra redentora. Esto se refleja en la atención que le prestan los evangelistas a la semana de la pasión.[2] Ahora bien, la afirmación de Pablo en 1 Corintios 15:3: «Que Cristo murió por nuestros pecados, conforme a las Escrituras», no es todo lo que dice el Nuevo Testamento sobre Su obra en la cruz, sus autores emplean una variedad de términos que nos permiten ver la muerte de Cristo desde varias perspectivas:

> Sacrificio o sustitución penal (1 Cor. 5:7; Ef. 5:1-2; Hech. 9:6-15; 10:11-14; 13:10-13).
> Propiciación (Rom. 3:25; Heb. 2:17; 1 Jn. 2:2; 4:10).
> Reconciliación (Rom. 5:10-11; 2 Cor. 5:18-20; Ef. 2:16; Col. 1:20-22).
> Redención (Mat. 20:28; Gál. 3:13; 4:4-5).

Veamos cada uno de estos términos por separado.

---

[2] Mateo le dedica el 33 % de su Evangelio a la última semana de la vida del Señor, Marcos un 37 %, Lucas un 25 % y Juan un 42 %.

Sacrificio o sustitución penal

En las Escrituras del Nuevo Testamento es evidente que la obra de Cristo se presenta claramente como un sacrificio sustitutivo (Isa. 53:4-6; Mar. 14:24; Ef. 5:2; Heb. 9:1–10:18; Apoc. 1:5, por citar solo algunos). Los autores inspirados estaban muy familiarizados con la doctrina de los sacrificios revelada en el Antiguo Testamento y ese entendimiento determina el significado atribuido a la idea de sacrificio en relación con la obra de Cristo. Murray lo explica de la siguiente manera:

«El adorador del Antiguo Testamento transfería simbólicamente la culpa y responsabilidad de su pecado cuando llevaba su víctima al altar del sacrificio y ponía su mano sobre la cabeza del animal (Lev. 4:1–6:7; 16:1-34; 17:11). En ese sentido, el pecado del oferente era imputado a su ofrenda. El animal ofrecido soportaba «como sustituto la pena o responsabilidad debida al pecado».[3]

Cuando el Nuevo Testamento señala a Jesús como «el Cordero de Dios que quita el pecado del mundo» (Juan 1:29) está apuntando hacia la realidad de que nuestro Señor Jesucristo

---

[3] John Murray, *La redención consumada y aplicada* (Terrassa, Barcelona, Editorial CLIE, 1993), pág. 28.

sustituye a los Suyos en la cruz, tomando la responsabilidad de todos nuestros pecados y recibiendo sobre Sí el castigo que merecemos por todos y cada uno de ellos. Ya no tenemos cuentas pendientes con la justicia de Dios, porque «Jehová cargó en él el pecado de todos nosotros» (Isa. 53:6).

Propiciación

Es probable que este sea uno de los conceptos del cristianismo más difíciles de asimilar para los incrédulos y, sin embargo, es al mismo tiempo un concepto clave para comprender la naturaleza del sacrificio de Cristo en la cruz del Calvario. Podemos decir que la obra de Cristo sirvió para expiar nuestros pecados, es decir, para quitar la barrera que nos separaba de Dios. Sin embargo, la expiación es solo una parte de la historia; es necesario añadir que Cristo expió nuestros pecados a través de la propiciación.

Esta palabra significa «aplacar, pacificar o apaciguar», lo que demuestra una clara referencia a la ira de Dios contra el pecador por causa de su pecado.[4] Dios es provocado

---

[4] Es lamentable que algunas versiones modernas, como la Nueva Versión Internacional, hayan excluido la palabra «propiciación» en los cuatro textos clave del Nuevo Testamento donde los autores inspirados usaron el término *hilasterion* o sus derivados: Rom. 3:25; 1 Jn. 2:1-2; 4:10; Heb. 2:17 (en este texto la RV60 también traduce *eis to hilaskesthai* como «para expiar», en vez de «hacer propiciación» como traduce la LBLA).

por el pecado del hombre debido a Su perfecta santidad y justicia.[5] Por lo tanto, Su ira justa debe ser aplacada para que Dios mismo quede satisfecho y podamos ser reconciliados con Él.

Este concepto de un Dios que aplaca Su propia ira resulta particularmente odioso para la humanidad caída, pero esto podría deberse, en cierto sentido, a una mala comprensión de la necesidad de tal satisfacción en el ser mismo de Dios. En su obra *La cruz de Cristo*, John Stott nos presenta una excelente explicación:

> «Dios tiene que actuar de conformidad con la perfección de su naturaleza o su "Nombre". Para Dios, la necesidad de la satisfacción se encuentra, por lo tanto, no en algo fuera de sí mismo sino dentro de sí mismo, en su propio carácter inmutable. Es una necesidad inherente o intrínseca. La ley a la que tiene que conformarse Él, la que debe satisfacer, es la ley de su propio ser».[6]

Es en ese sentido que Pablo le dice a Timoteo que Dios no puede negarse a Sí mismo (2 Tim. 2:13).[7] Por lo tanto, no es

---

[5] Deut. 32:16, 21; Jue. 2:12; 1 Rey. 15:30; 21:22; Jer. 32:30-32; Ezeq. 8:17; Os. 12:14.

[6] John Stott, *La cruz de Cristo* (Bogotá, Colombia, Editorial Buena Semilla, 1996), pág. 141.

[7] Comp. Tit. 1:2; Heb. 6:18.

suficiente decir que Cristo murió en la cruz del Calvario para proveernos el perdón de nuestros pecados, sino que también es necesario explicar que esa provisión involucró recibir sobre sí mismo la ira de Dios que merecen nuestros pecados. Fue por la sangre de Cristo derramada en la cruz que la ira de Dios en contra de nosotros fue propiciada. Ese es el corazón del evangelio, tal como lo explicó el apóstol Pablo:

«Pero ahora, aparte de la ley, se ha manifestado la justicia de Dios, testificada por la ley y por los profetas; la justicia de Dios por medio de la fe en Jesucristo, para todos los que creen en él. Porque no hay diferencia, por cuanto todos pecaron, y están destituidos de la gloria de Dios, siendo justificados gratuitamente por su gracia, mediante la redención que es en Cristo Jesús, *a quien Dios puso como propiciación por medio de la fe en su sangre*, para manifestar su justicia, a causa de haber pasado por alto, en su paciencia, los pecados pasados, con la mira de manifestar en este tiempo su justicia, a fin de que él sea el justo, y el que justifica al que es de la fe de Jesús». (Rom. 3:21-26, énfasis añadido)

Este es el gran misterio de la redención: ¡Dios propició Su propia ira por amor en la cruz del Calvario! El apóstol Juan lo dice de esta manera:

> «En esto consiste el amor: no en que nosotros haya-
> mos amado a Dios, sino en que él nos amó a noso-
> tros, *y envió a su Hijo en propiciación por nuestros
> pecados*». (1 Jn. 4:10, énfasis añadido)

Por extraño que parezca, amor y odio era la actitud dual
de Dios hacia nosotros. Entonces era necesaria la propiciación, porque Su hostilidad hacia nosotros era real, pero tal
propiciación fue provista en la muerte de Su propio Hijo por
causa de Su amor. Aunque en términos humanos esta dua-
lidad es psicológicamente inconcebible, sin embargo, como
dicen Packer y Dever, «es parte de la gloria moral de Dios».[8]

Escribiendo a los romanos, Pablo les dice que: «Mas Dios
muestra su amor para con nosotros, en que siendo aún pecadores, Cristo murió por nosotros» (Rom. 5:8), para luego
añadir que por medio de la sangre de Cristo, «seremos salvos
de la ira [de Dios]». Rick Holland comenta sobre este texto:

> «Normalmente pensamos en la salvación como ser
> salvados del infierno, y así es. A menudo pensamos
> en la salvación como ser salvados del yo, y así es. Sin
> embargo, Pablo nos informa aquí que la salvación
> consiste en ser salvados de Dios mismo».[9]

---

[8] J. I. Packer y Mark Dever, *In my Place Condemned He Stood* (Wheaton, IL, Crossway, 2007), pág. 61.

[9] Rick Holland, *Uneclipsing the Son* (The Woodlands, TX, Kress Biblical Resources, 2011), pág. 23.

Reconciliación

Así como la propiciación resuelve el problema de la ira justa de Dios que merecemos por causa de nuestros pecados, la reconciliación resuelve el problema de nuestra alienación de Dios y la enemistad que hay entre Él y nosotros. Es importante aclarar que se trata de una enemistad que corre en ambas vías: de Él hacia nosotros y de nosotros hacia Él.[10]

Necesitábamos ser reconciliados con Dios, pero ese cambio de relación no era fácil de alcanzar. Por un lado, la justicia perfecta de Dios tenía que ser satisfecha. Por otro lado, nuestra disposición de corazón hacia Dios tenía que ser cambiada de hostilidad a admiración, de rebeldía a sumisión, de enemistad a amor. Eso es precisamente lo que Cristo llevó a cabo a nuestro favor en la cruz del Calvario.

Pablo dice que nosotros, que éramos «en otro tiempo extraños y enemigos en vuestra mente, haciendo malas obras» fuimos reconciliados «en su cuerpo de carne, por medio de su muerte» (Col. 1:21-22). La barrera de separación que había entre nosotros y Dios fue derribada para que ahora podamos acercarnos a Él como hijos amados.

Tanto la propiciación como la reconciliación están íntimamente relacionadas; pero su distinción es importante para poder captar la riqueza de la provisión de Dios en Cristo.

---

[10]Comp. Rom. 5:10; Ef. 2:1-3; Col. 1:2.

A través de la reconciliación somos restaurados al favor de Dios, luego de haber sido anteriormente objetos de Su ira.[11]

Redención

Las Escrituras usan el término «redención» como sinónimo de liberación, pero significa también «compra» o «rescate». En ese sentido, podemos decir que se trata ciertamente de una liberación, pero que tal liberación se consigue mediante el pago de un precio (Mat. 20:28). De modo que la obtención de la redención presupone que el pecador está sujeto a algún tipo de esclavitud. Murray explica el vínculo de estos términos de la siguiente manera:

> «Así como el *sacrificio* se dirige a la necesidad suscitada por nuestra culpa, la *propiciación* a la necesidad que surge de la ira de Dios, y la *reconciliación* a la necesidad que brota de nuestra alienación de Dios, así la *redención* se dirige a la esclavitud a la que nos ha consignado nuestro pecado».[12] (Énfasis añadido)

El Nuevo Testamento contempla la redención en relación con dos categorías generales. La primera es la ley. Pablo nos

---

[11]Rom. 5:8-11; 2 Cor. 5:18-21; Ef. 2:11-20.

[12]John Murray, *op. cit.*, pág. 46.

dice en su carta a los Gálatas que fuimos redimidos «de la maldición de la ley» (Gál. 3:13), en el sentido de que Cristo asumió en Su persona toda la ira que merecíamos nosotros al no haber podido permanecer «en todas las cosas escritas en el libro de la ley, para hacerlas» (Gál. 3:10).

La segunda categoría bajo la cual debemos contemplar la redención es el pecado. Fuimos redimidos de la culpa y del dominio del pecado.[13] En otras palabras, Cristo proveyó para nosotros perdón y liberación. Fuimos librados tanto de la condenación (Col. 1:14; 2:13) como de la contaminación y el poder del pecado (Rom. 6:12-14). Como veremos más adelante, este último es un aspecto esencial de nuestra santificación progresiva.

Mi Siervo el Renuevo

Hay un pasaje sumamente impactante del Antiguo Testamento que resume la enseñanza que hemos considerado en este capítulo. Se encuentra en el tercer capítulo del libro del profeta Zacarías.[14] Este pasaje comienza con una visión en la que el profeta ve al sumo sacerdote llamado Josué en el templo de Jerusalén y delante del ángel del Señor.

---

[13] Rom. 3:24; Ef. 1:7; Col. 1:14; Heb. 9:15; Tit. 2:14; 1 Ped. 1:18

[14] Para todo lo que sigue a continuación estoy en deuda con Timothy Keller y su libro *Jesus the King* (Londres, Inglaterra, Penguin Books, 2011) págs. 79-81.

El templo de Jerusalén tenía tres partes: un patio exterior, un patio interior y el lugar santísimo, donde solo entraba el sumo sacerdote el Día de la Expiación una vez al año. La preparación para ese día era muy meticulosa. Una semana antes el sumo sacerdote se aislaba de todos para que no tocara nada inmundo, ni siquiera por accidente. La noche antes se quedaba sin dormir, orando y leyendo la Palabra de Dios.

A la mañana siguiente se lavaba de pies a cabeza y se vestía de lino blanco, completamente puro. Luego entraba en el lugar santísimo después de haber sacrificado un animal como expiación por sus propios pecados. Después salía del lugar santísimo, volvía a bañarse y le ponían otra túnica de lino. Entraba de nuevo en el lugar santísimo para presentar otro sacrificio por los pecados de los sacerdotes. Finalmente repetía el mismo ritual, esta vez por los pecados de todo el pueblo.

Esta información es importante para entender cuán chocante debió ser para Zacarías la visión que recibió, porque vio a Josué en el Día de la Expiación vestido de ropas viles. El versículo tres dice que estaban sus ropas literalmente salpicadas de estiércol. Josué estaba completamente contaminado.

Ray Dillard, un erudito del Antiguo Testamento, nos dice que esa visión era una representación de nuestra condición de impureza delante de Dios. De ninguna manera podemos encontrar purificación por nosotros mismos. Sin embargo, ahora viene la parte más sorprendente de este pasaje.

Dice que el ángel del Señor ordenó a los que estaban delante del sumo sacerdote que le quitaran esas vestiduras contaminadas y luego le dice a Josué: «Mira, he quitado de ti tu iniquidad y te vestiré de ropas de gala [...], pues he aquí, yo voy a traer a mi siervo, el Renuevo [...] y quitaré la iniquidad de esta tierra en un solo día» (Zac. 3:4, 8-9, LBLA).

¡Imaginemos a Zacarías escuchando estas palabras! El pueblo de Israel había estado presentando sacrificios de animales en el día de la expiación durante siglos porque nunca podían purificarse de una vez por todas de sus pecados. Ahora Dios está diciendo que iba a llegar un día en el que ya no sería necesario hacer más sacrificios, ¡porque Él borraría por completo toda la iniquidad de la tierra en un solo día! ¿Cómo puede ser eso posible?

Dillard dice que «siglos más tarde otro Josué apareció» y llevó a cabo un proceso a la inversa: Él fue desnudado de sus ropas de gala para ser vestido con nuestros pecados al asumir nuestra culpa en la cruz del Calvario, para que todos los que creen en Él puedan ser vestidos de lino fino, limpio y resplandeciente (Apoc. 19:7-8; comp. 2 Cor. 5:21). Jesús quitó el pecado para siempre por medio del sacrificio de sí mismo en un solo día (Heb. 10:11-14).

¡Qué glorioso intercambio!

Él se hace cargo de todas nuestras deudas
y nosotros disfrutamos de toda Su justicia.

Pablo le escribe a los corintios: «Al que no conoció pecado, por nosotros lo hizo pecado, para que nosotros fuésemos hechos justicia de Dios en él» (2 Cor. 5:21). Las últimas dos palabras «en él» encierran un universo de significado, porque apuntan hacia la realidad de nuestra unión con Cristo. Pero eso lo veremos en el próximo capítulo.

Capítulo 5

Nuestra unión con Cristo

Una de las enseñanzas más importantes de la Biblia y, lamentablemente, una de las más descuidadas, es la doctrina de la unión del creyente con Cristo. John Murray, un teólogo norteamericano del siglo xx, dice que «la unión con Cristo es la verdad central de toda la doctrina de la salvación».[1] Arthur Pink declara enfáticamente: «El tema de la unión espiritual (con Cristo) es el más importante, el más profundo, y... el más bendecido de todos los presentados en las Sagradas Escrituras; y, sin embargo, si bien es triste afirmarlo, no hay otro tema que sea hoy tan descuidado».[2]

Antes de abordar esta doctrina tan vital y maravillosa, es importante aclarar que es señalada como un misterio en el Nuevo Testamento. Pablo habla del matrimonio en Efesios y cita las palabras de Génesis: «Dejará el hombre a su padre y a su madre, y se unirá a su mujer, y los dos serán una sola carne» (Ef. 5:31; ver Gén. 2:24), para decir inmediatamente

---

[1] James Montgomery Boice, *Los fundamentos de la fe cristiana* (Medley, FL, Unilit, 1996), pág. 395.

[2] *Ibid.*

después, «Grande es este misterio; mas yo digo esto respecto de Cristo y de la iglesia» (Ef. 5:32). Pablo dice en Colosenses que Dios, por medio de su ministerio, «quiso dar a conocer las riquezas de la gloria de este misterio entre los gentiles; que es Cristo en vosotros, la esperanza de la gloria» (Col. 1:27). Un misterio es una verdad que no puede ser conocida a menos que Dios la revele y Pablo dice que Dios quiso revelarnos este misterio. Por lo tanto, se trata de una doctrina que debe conocerse hasta donde lo permita la revelación bíblica y nuestro propio entendimiento.

La centralidad de esta doctrina en el Nuevo Testamento

Si estás leyendo un libro y hay un tema que se repite constantemente, debes llegar a la conclusión de que se trata de una idea central en el pensamiento del autor. Eso es lo que sucede en el Nuevo Testamento con la doctrina de la unión con Cristo. Las trece cartas de Pablo tienen expresiones como «en Cristo», «en Él» (refiriéndose a Cristo), «en el Señor», «en Cristo Jesús». Estas frases cortas y significativas aparecen 164 veces en las cartas paulinas y otras 26 veces más en los escritos de Juan.

Es evidente que esta doctrina ocupa un lugar central en el entendimiento de la salvación. El Nuevo Testamento describe a los creyentes como aquellos que han sido escogidos y predestinados «en Cristo» (Ef. 1:4-5); llamados «en Cristo» (2 Tim. 1:9); regenerados «en Cristo» (Ef. 2:10); «justificados, santificados y glorificados «en Cristo» (1 Cor. 1:30-31; Rom. 6:5-7; 8:1, 17). En otras palabras, todas las bendiciones que recibimos de parte de Dios vienen a ser nuestras únicamente por el hecho de estar unidos a Cristo por la fe, porque es de Su plenitud que todos nosotros tomamos gracia sobre gracia (Juan 1:16).

El Señor dice que Él es la Vid y nosotros somos los pámpanos: «Como el pámpano no puede llevar fruto por sí mismo, si no permanece en la vid, así tampoco vosotros, si no permanecéis en mí» (Juan 15:4). Él es la Cabeza, nosotros somos Su cuerpo (Ef. 5:30-31)

De manera que la salvación no consiste en «algo» que Dios nos da «por causa de Cristo», sino en el hecho de tener a Cristo mismo por medio de la fe, como Pablo nos explica:

«Mas por él [es decir, Dios el Padre] estáis vosotros en Cristo Jesús, el cual nos ha sido hecho por Dios sabiduría, justificación, santificación y redención; para que, como está escrito: El que se gloría, gloríese en el Señor». (1 Cor. 1:30-31)

Pablo dice algo similar en Colosenses:

«Si, pues, habéis resucitado con Cristo, buscad las cosas de arriba, donde está Cristo sentado a la diestra de Dios. Poned la mira en las cosas de arriba, no en las de la tierra. Porque habéis muerto, y vuestra vida está escondida con Cristo en Dios. Cuando Cristo, vuestra vida, se manifieste, entonces vosotros también seréis manifestados con él en gloria». (Col. 3:1-4)

Es por causa de nuestra unión con Cristo que ahora tenemos vida, y es por causa de esa misma unión que vamos a compartir Su gloria cuando Él se manifieste. Ahora, sabemos que este es un lenguaje que no resulta familiar para la mayoría de las personas. ¿Cómo es eso de que los creyentes están «en Cristo» y de que todo lo Suyo viene a ser nuestro por causa de nuestra unión con Él?

El significado de nuestra unión con Cristo

Como ya hemos dicho, este es un concepto que nunca vamos a poder entender completamente, al menos no de este lado de la eternidad. Sin embargo, la Biblia usa diversas ilustraciones que nos ayudan a entender esta doctrina hasta cierto punto. Una de ellas es la del matrimonio, como vemos en el conocido pasaje de Efesios. Presta atención a sus palabras:

«Así también los maridos deben amar a sus mujeres como a sus mismos cuerpos. El que ama a su mujer, a sí mismo se ama. Porque nadie aborreció jamás a su propia carne, sino que la sustenta y la cuida, como también Cristo a la iglesia, porque somos miembros de su cuerpo, de su carne y de sus huesos. Por esto dejará el hombre a su padre y a su madre, y se unirá a su mujer, y los dos serán una sola carne. Grande es este misterio; mas yo digo esto respecto de Cristo y de la iglesia». (Ef. 5:28-32)

¿Qué es lo que sucede cuando un hombre y una mujer unen sus vidas a través del vínculo matrimonial? La Escritura nos enseña que vienen a ser una sola carne hasta el punto de que, en algunas culturas, la mujer toma el apellido de su esposo.

Eso no significa que dejen de ser dos individuos distintos, pero dos vidas quedan unidas de tal manera la una con la otra tan pronto se firma el acta matrimonial, tanto en sentido legal como en sentido práctico. Por ejemplo, en el caso de mi esposa, ella vino a ser «Gloria de Michelén» desde hace poco más de 41 años.

Esa unión no depende de cómo nos sintamos el uno con el otro, sino del pacto que hicimos delante de Dios y de los hombres. Si nos llevamos bien, como debiera ser, vamos a demostrar esa unidad de una forma tangible. Pero si en algún momento esa relación llegara a enfriarse, de todas maneras, seguiremos siendo uno.

Pues eso es precisamente lo que ocurre con el creyente y el Señor Jesucristo. En el momento en que un pecador se arrepiente y cree únicamente en Cristo para el perdón de sus pecados, su vida queda unida a la de Él con un vínculo que nada ni nadie puede separar. Aunque nuestra comunión con Cristo puede fluctuar en un momento dado, nuestra unión con Él nunca cambia. Pablo alude a esta bendita realidad en su carta a los Romanos:

> «Por lo cual estoy seguro de que ni la muerte, ni la vida, ni ángeles, ni principados, ni potestades, ni lo presente, ni lo por venir, ni lo alto, ni lo profundo, ni ninguna otra cosa creada nos podrá separar del amor de Dios, que es en Cristo Jesús Señor nuestro». (Rom. 8:38-39)

Por otra parte, cuando un hombre se casa con una mujer, no solo el nombre de ella queda ligado al suyo, sino que, juntamente, con el cambio de nombre vienen también cambios legales. Todas las posesiones que él tenía antes del matrimonio le pertenecen ahora a ella y viceversa. Lo mismo sucede con el creyente y Cristo al quedar unidos por la fe: «nuestro novio y esposo fiel» se hizo cargo de toda nuestra deuda con la justicia de Dios al tomar nuestro lugar en la cruz y, a la vez, Él nos confiere Su justicia perfecta. Todo esto únicamente, repito, por medio de la fe.

Este es el «glorioso intercambio» al que hacíamos referencia en el capítulo anterior y que Pablo explica en una forma tan memorable: «Al que no conoció pecado, por nosotros lo hizo pecado, para que nosotros fuésemos hechos justicia de Dios en él» (2 Cor. 5:21). Lutero lo explica de esta manera:

«La fe une el alma a Cristo como la novia se une al novio. [...]. Por lo tanto, se sigue que todo lo que tienen es común, sea bueno o sea malo. Así el creyente puede jactarse y gloriarse en todo lo que Cristo posee, como si fuera suyo propio; y todo lo que el creyente tiene, Cristo lo reclama como suyo. Veamos cómo funciona esto y cómo nos beneficia. Cristo es lleno de gracia, vida y salvación. El alma humana está llena de pecado, muerte y condenación. Ahora deja que la fe se interponga entre ellos. El pecado, la muerte y la condenación serán entonces de Cristo; y la gracia, la vida y la salvación serán del creyente».[3]

Por supuesto, esta ilustración del matrimonio tiene sus limitaciones, porque no podemos reducir nuestra unión con Cristo a un asunto meramente legal. La naturaleza de esta unión no puede ser abarcada con una sola explicación.

La naturaleza de la unión con Cristo

1. *Es una unión sobrenatural.* «El que me ama, mi palabra guardará; y mi Padre le amará, y vendremos a él, y

---

[3] Alister E. McGrath, *Reformation Thought: An Introduction*, (Hoboken, NJ, John Wiley & Sons, 2021), pág. 153.

haremos morada con él» (Juan 14:23; debemos enfatizar que en este texto se trata de una unión personal e individual).

2. *Es una unión espiritual.* En el sentido de que Cristo mora en el creyente por el Espíritu Santo:

«Y yo rogaré al Padre, y os dará otro Consolador, para que esté con vosotros para siempre: el Espíritu de verdad, al cual el mundo no puede recibir, porque no le ve, ni le conoce; pero vosotros le conocéis, porque mora con vosotros, y estará en vosotros». (Juan 14:16-17)

Pablo emplea la figura del santuario en el que Dios habita para hablar con respecto al creyente individual: «¿O ignoráis que vuestro cuerpo es templo del Espíritu Santo…?» (1 Cor. 6:19). Pablo usa esta misma terminología para referirse a la Iglesia de forma colectiva (1 Cor. 3:16-17).

3. *Es una unión orgánica.* El Nuevo Testamento no solo enseña que los creyentes formamos parte del cuerpo de Cristo, la Iglesia, sino también que, en virtud de nuestra unión con Él, existe una unidad e interdependencia entre los diversos miembros del cuerpo.

4. *Es una unión vital.* Envuelve una nueva calidad de vida. Cristo no solo es la fuente de la vida espiritual, sino la vida misma del creyente (Juan 1:4-5; 5:26; 11:25; 14:6; 1 Jn. 5:20). Por lo tanto, todos los que están unidos a Él por la fe participan de esa vida sobrenatural (Juan 3:15-16, 36; 14:19; 1 Jn. 5:11-12).

5. *Es una unión exhaustiva.* Toda la vida y las acciones del cristiano están relacionadas con Cristo en virtud de nuestra unión con Él. Los creyentes hablamos en Cristo (Rom. 9:1), trabajamos en Cristo (1 Cor. 15:58), proclamamos la verdad en Cristo (2 Cor. 2:17), y muchos más.

6. *Es una unión misteriosa.* Trasciende por completo el entendimiento humano (Ef. 5:32). Eso no quiere decir que resulte imposible para nosotros llegar a conocer algo con respecto a esta unión, pero debemos aceptar nuestras limitaciones y entender que solo podemos llegar, como decíamos al inicio, hasta donde la revelación divina y nuestras capacidades humanas nos permiten llegar.

Kevin De Young nos provee un buen resumen de lo que hemos visto hasta aquí al afirmar que la unión con Cristo implica tres cosas:

«Solidaridad (Cristo, como el segundo Adán, es nuestro representante), transformación (por medio del Espíritu Santo, Cristo nos cambia de dentro hacia fuera), y comunión (Cristo mora en nosotros como nuestro Dios)».[4]

Resultados de nuestra unión con Cristo

En los próximos capítulos estaremos considerando ampliamente los resultados de nuestra unión con Cristo. Por ahora solo mencionaremos algunas de las consecuencias asombrosas de estar en Él.

1. Una nueva identidad.

Por cuanto estamos unidos a Él, cuando Dios nos ve a nosotros, nos ve en Su Hijo y nos trata como tal (comp. Col. 3:3). Si alguien pudiera tener acceso a mi computadora y robar mi identidad, podría hacerme un daño enorme. Podría transferir dinero de mi cuenta a la suya o hacer compras por Internet como si fuera yo. Es terrible que alguien asuma nuestra identidad.

---

[4]Kevin De Young, *The Hole in our Holiness* (Wheaton, IL, Crossway, 2012), pág. 96.

Sin embargo, eso es exactamente lo que ocurre cuando una persona viene a Cristo en arrepentimiento y fe. La razón por la que nos llamamos «cristianos» es debido al hecho de que hemos asumido la identidad de otra Persona: nuestro gran Dios y Salvador Jesucristo. En consecuencia, como bien señala Bryan Chapell:

> «Es Su vida, no la nuestra, la que cuenta ante Dios. Su Espíritu brilla a través de nosotros y estamos escondidos detrás de Su gloria (Col. 3:3-4). Esto significa que toda la sabiduría, la santidad y la justicia de Jesús se nos atribuye a nosotros por gracia».[5]

2. Nuevos deseos y una nueva capacidad para obedecer a Dios.

Dado que mora en nosotros el Espíritu que resucitó a Jesús (Rom. 8:11), ahora contamos con un nuevo corazón para obedecer a Dios, no perfectamente, pero sí sinceramente. Bryan Chapell comenta al respecto:

> «La vida de Cristo nos da la capacidad de cambiar los patrones del pasado y de luchar contra

---

[5] Bryan Chapell, *Gracia sin límite: La dinámica del corazón que nos libera del pecado e impulsa nuestra vida cristiana* (Antioquia, Colombia, Poiema Publicaciones, 2020), pág. 62.

los pecados que nos asedian. Todo lo que ahora hacemos por Cristo y a través de Cristo cambia el curso de nuestras vidas y contribuye a los propósitos de Dios, para Su deleite y nuestra bendición».[6]

3. Un nuevo destino.

Estamos unidos al Cristo resucitado y podemos estar completamente seguros de que cuando Él regrese en gloria, el cuerpo de nuestra humillación será transformado «para que sea semejante al cuerpo de la gloria Suya» (Fil. 3:21). Así estaremos para siempre con el Señor (Juan 14:1; 17:24; 1 Tes. 4:16-17).

A la espera del Día V

La galardonada película de Steven Spielberg, *Salvando al soldado Ryan*, comienza con una escena impresionante del desembarco de las fuerzas aliadas en las playas de Normandía el 6 de junio de 1944. Ese evento, que se conoce en la historia como el Día D, selló la derrota de Hitler y de la Alemania nazi. Se podría decir que, en cierto modo, la Segunda Guerra Mundial se decidió ese día. Sin embargo, la victoria final

---

[6] *Ibid.*

de los aliados, lo que se conoce como el Día V, no ocurrió sino hasta el 7 de mayo de 1945, cuando las fuerzas alemanas se rindieron en Berlín. En ese intervalo de once meses se pelearon las batallas más sangrientas de toda la guerra en Francia, Bélgica y Alemania. Aunque el enemigo estaba mortalmente herido, todavía continuó haciendo mucho daño hasta su derrota total.

Este hecho histórico nos provee una analogía de la experiencia del cristiano;[7] la cruz de Cristo fue el Día D de nuestra salvación (ya no tenemos cuentas pendientes en el tribunal de Dios, fuimos libertados de la tiranía del pecado y nuestra vida está escondida con Cristo en Dios). Sin embargo, todavía no hemos llegado al Día V. De antemano sabemos cuál será el resultado de la guerra, pero el pueblo de Dios tendrá que pelear muchas batallas contra las fuerzas del enemigo hasta la segunda venida de Cristo, aunque no en sus propias fuerzas, sino amparados en el Rey que ya venció y que habita en nosotros por Su Espíritu. En los próximos capítulos hablaremos con más detalles de los sorprendentes y maravillosos resultados de nuestra unión con Él.

---

[7] D. A. Carson, *El Dios que está presente: Encuentra tu lugar en la historia de Dios* (Antioquia, Colombia, Poiema Publicaciones, 2020), págs. 82-83.

Capítulo 6

«Conviérteme y seré convertido»

La frase latina *Ordo Salutis* fue acuñada por los reformadores y se traduce como «el Orden de Salvación». Se refiere a la secuencia lógica de los beneficios redentores que recibimos los creyentes en relación con nuestra unión con Cristo. Todos los eslabones en la cadena de la salvación poseen tal conexión e interdependencia que no podemos entender alguno prescindiendo de los demás. Sin embargo, no trataré todos estos aspectos con la misma amplitud, sino en función del propósito de este libro. Por otra parte, es evidente que la Biblia revela un orden secuencial en la aplicación de la salvación:

> Llamamiento eficaz
> Regeneración monergística
> Conversión
> Justificación
> Adopción

Santificación
Perseverancia
Glorificación

Cada eslabón de esta cadena presupone el punto siguiente de forma lógica, aunque en la práctica aparezcan como acciones que actúan en conjunto. El siguiente ejemplo puede ayudarnos a comprender esto que acabo de señalar: cuando Cristo sanaba milagrosamente a los ciegos durante Su ministerio terrenal, la sanidad y la visión eran percibidas casi de manera simultánea; pero es necesario presuponer que la sanidad venía primero y la visión después. Lo mismo ocurre entre el llamamiento y la regeneración, entre la regeneración y la conversión, entre la conversión y la justificación, y así sucesivamente.

El llamamiento eficaz

El término «llamamiento» es usado en el Nuevo Testamento para referirse al llamado general del evangelio (Hech. 17:30), pero en muchos casos es usado para señalar la obra irresistible de Dios de atraer a los pecadores elegidos al arrepentimiento y a la fe.[1] Todos aquellos que reciben este llamado eficaz de parte de Dios son llevados de forma irresistible a la fe en

---

[1] Mat. 22:9; Juan 6:44-45; Hech. 2:39; Rom. 8:30; 9:11; 1 Cor. 1:9, 26; 7:20; Gál. 1:6, 15; 2 Tes. 2:14; 1 Tim. 6:12; 2 Tim. 1:9; Heb. 3:1; 9:15; 1 Ped. 2:9; 2 Ped. 1:3; Jud. 1; Apoc. 17:14; 19:9.

Cristo, no como si fueran «forzados» por la omnipotencia divina, sino que, por la gracia de Dios en Cristo, son inclinados eficazmente a desear lo que Dios desea (Fil. 2:12-13).

La regeneración monergística

La palabra «monergismo» es una combinación del prefijo griego *«mono»* que significa «uno solo» (como en «monogamia») y un verbo griego *«ergo»* que significa «obrar» (como en «energía»). Esta palabra significa «aquello que opera solo o por sí mismo». Lo opuesto a monergismo es sinergismo, palabra compuesta de la misma raíz anterior, pero esta vez con el prefijo *"syn"* que en griego significa «junto con»; hace referencia a una obra en la que dos agentes actúan en conjunto para lograr un resultado. Al afirmar, entonces, que la regeneración es monergística estamos hablando de una obra solo realizada por Dios.

La regeneración monergística es la obra divina por medio de la cual el pecador, muerto en sus pecados, es traído a la vida espiritual en Cristo. En el Nuevo Testamento esta obra es presentada como:

1. Una nueva creación (2 Cor. 5:17; Gál. 6:15; Ef. 2:10).
2. Como una resurrección espiritual por medio de la cual pasamos de muerte a vida (Ef. 2:1-6; Col. 2:13; 1 Ped. 1:3).

3. Como la circuncisión del corazón (Col. 2:11).
4. Como un nuevo nacimiento espiritual (Juan 1:13; 3:3-8; 1 Jn. 3:9; 4:7; 5:1, 4, 18).

Lo que estamos haciendo cuando conectamos la palabra «monergismo» con «regeneración» es describir la obra del Espíritu Santo que transforma al pecador sin ninguna cooperación de nuestra parte. Se trata de una obra divina en la que el alma humana es completamente pasiva en la obra de regeneración (no así en la conversión, como veremos más adelante). Cuando Jesús le dijo a Nicodemo que le era necesario nacer de nuevo, no le estaba ordenando creer en Él, sino que estaba clarificándole lo que Dios tenía que hacer primero para que él pudiera ser salvo. Por supuesto, el primer fruto de la regeneración es el arrepentimiento y el creer, pero nadie puede arrepentirse y creer hasta que Dios imparta primero vida nueva.

Es muy importante tener presente que Pablo describe a los seres humanos en su estado natural como «muertos en sus delitos y pecados» (Ef. 2:1, NBLA), pero continúa diciendo que «aun cuando estábamos muertos en nuestros delitos y pecados, nos dio vida juntamente con Cristo» (Ef. 2:5, NBLA). Más adelante aclara que somos salvos por gracia, «por medio de la fe, y esto no procede de ustedes, sino que es don de Dios» (Ef. 2:8-9, NBLA). La conclusión del argumento paulino es evidente: la fe es un fruto de la regeneración, no puede ser al revés, porque los muertos no pueden creer.

El teólogo Michael Barrett ilustra esta enseñanza bíblica usando el ejemplo de Adán en el paraíso.[2] Dice Génesis que «Dios formó al hombre del polvo de la tierra» y que luego «sopló en su nariz aliento de vida, y fue el hombre un ser viviente» (Gén. 2:7). Ese «hombre de barro» era apenas una escultura sin vida hasta que Dios sopló en ella «aliento de vida». Antes de ese acto divino, la escultura no tenía la capacidad de hacerse a sí misma «un ser viviente». La escultura de barro no podía disfrutar de todo lo que había a pesar de estar en un paraíso. «Aparte de ese soplo divino especial, Adán era insensible al paraíso».[3]

De una manera similar, el ser humano sin Cristo es completamente insensible a «las cosas de Dios» (1 Cor. 2:14). Por lo tanto, solo responderá a ellas cuando Dios le imparta vida nueva en Cristo en la regeneración. Por eso el Nuevo Testamento se refiere a esta obra divina como una «nueva creación» (2 Cor. 5:17; Gál. 6:15; Ef. 2:10). Barrett enfatiza que «en el más trágico sentido, cada pecador está muerto en lo que se refiere al paraíso».[4] Sin embargo, Dios imparte en la regeneración un principio de vida espiritual «en el

---

[2] Michael P. V. Barrett, *Complete in Him: A Guide to Understanding and Enjoy the Gospel* (Grand Rapids, MI, Reformation Heritage Books, 2017), págs. 71-72.

[3] *Ibid.*, pág. 71.

[4] *Ibid.*, pág. 72.

corazón del pecador que resulta en un cambio de naturaleza instantáneo, radical y evidente que afecta por completo la disposición dominante de nuestra vida».[5]

El profeta Ezequiel hace referencia a este cambio al prometer que Dios impartiría un nuevo corazón y un nuevo espíritu: «Os daré corazón nuevo, y pondré espíritu nuevo dentro de vosotros; y quitaré de vuestra carne el corazón de piedra, y os daré un corazón de carne» (Ezeq. 36:26). Los teólogos que redactaron la Confesión de Fe Bautista de Londres de 1689, siguiendo de cerca la Confesión de Fe de Westminster, conectan correctamente el llamamiento eficaz con la regeneración:

«Este llamamiento eficaz proviene solo de la gracia libre, gratuita y especial de Dios, no de ninguna cosa en absoluto que haya sido prevista en el hombre, ni proviene de ningún poder o agencia en la criatura que coopere con Su gracia especial, siendo la criatura enteramente pasiva en esto, estando el hombre muerto en delitos y pecados, hasta que —al ser vivificado y renovado por el Espíritu Santo— es capacitado por este medio para responder a este llamamiento, y para recibir la gracia ofrecida y transmitida en este; y esto por un poder no menor que el que resucitó a Cristo de entre los muertos».[6]

---

[5] *Ibid.*
[6] CFL, 10.2.

La conversión

Esta palabra significa literalmente «volverse», «dar media vuelta», «cambiar el rumbo de nuestras vidas». En términos bíblicos, se trata del cambio decisivo de parte del pecador, en donde se vuelve de una vida que antes estaba centrada en sí mismo y esclavizado a Satanás y al pecado, para ahora dirigirse hacia Dios a través de Jesucristo y por el poder del Espíritu Santo (1 Tes. 1:9-10). En ese sentido, el concepto de conversión en la Escritura se solapa o superpone con el arrepentimiento. Tanto el llamado de Dios a la conversión como al arrepentimiento presuponen que estamos yendo por un camino equivocado del cual debemos volvernos. No se trata simplemente de que estamos haciendo algunas cosas que no deberíamos hacer o que son dañinas o peligrosas. Lo que pasa es que vamos en dirección opuesta a la que deberíamos ir, estamos dirigiendo toda nuestra vida hacia la perdición.

Imagina a un esposo que es increíblemente desorganizado, bastante brusco en su forma de hablar, muy poco cooperador en la casa y, por si todo esto fuera poco, es un adúltero empedernido. Desde la misma luna de miel esta mujer ha tenido que soportar, con paciencia y mucho dolor, las constantes infidelidades de su marido. Hasta que un día le dice que no aguanta más y que ha decidido pedirle el divorcio. El hombre reacciona acongojado y con lágrimas en los ojos le pide a su mujer que no lo abandone, que le de otra oportunidad. Le dice entre sollozos: «Te prometo que a partir de ahora voy a hacer un esfuerzo por ser más organizado, ayudarte con los quehaceres de la casa y ser más cuidadoso con mi forma de hablar. Lo único que no puedo prometerte es fidelidad».

¿Piensas que la esposa quedará satisfecha con esa promesa? ¡Por supuesto que no! Lo más importante para ella no es que su marido corrija algunas cosas de su comportamiento en la casa, sino que sea suyo y de nadie más. Si este hombre quiere preservar su matrimonio, tendrá que hacer un giro de 180 grados en lo que respecta a su relación conyugal.

Algo similar ocurre entre Dios y el ser humano. Todos somos conscientes de que hay cosas en nuestras vidas que no son como debieran ser. Muchos tienen la idea equivocada de que lo único que necesitan para estar en paz con Dios es dejar de hacer algunas cosas malas y comenzar a hacer algunas cosas buenas. Sin embargo, el llamado de Dios no es para que «dejemos de hacer ciertas cosas», sino para convertirnos, es decir, cambiar por completo y de forma radical el curso de nuestra existencia. Estas fueron las palabras del apóstol Pedro:

> «... arrepentíos y convertíos, para que sean borrados vuestros pecados». (Hech. 3:19)

Estamos hablando de un proceso que involucra dos aspectos distintos, pero interconectados entre sí: arrepentimiento y fe al dar la espalda al pecado para volverse hacia Dios a través de Cristo. No se trata de una cosa o la otra, sino de ambas cosas a la vez. Marcos narra en su Evangelio que después del encarcelamiento de Juan el Bautista,

> «... Jesús vino a Galilea predicando el evangelio del reino de Dios, diciendo: El tiempo se ha cumplido, y el reino de Dios se ha acercado; arrepentíos y creed en el evangelio». (Mar. 1:14-15)

En las palabras de Jesús encontramos la demanda que hace Dios al pecador: arrepentimiento y fe. Como dice David Wells: «La conversión denota una transformación de estar dedicados a nosotros mismos para estar dedicados a Dios».[7] Por eso «la única prueba real de nuestra conversión es una vida obediente y fructífera».[8]

Ahora bien, la Biblia presenta la conversión como las dos caras de una moneda: desde el punto de vista humano y desde el divino. Por un lado, nos dice que el que debe convertirse es el pecador. Nosotros tenemos la responsabilidad de arrepentirnos y creer (Mar. 1:14-15; Hech. 16:31; 17:30). Somos nosotros los que debemos tomar la determinación de renunciar a nuestra vida de pecado, someternos a la autoridad de Cristo y poner toda nuestra confianza

---

[7] David Wells, *Turning to God: Reclaiming Christian Conversion as Unique, Necessary, and Supernatural* (Grand Rapids, MI, Baker Books, 2012), pág. 45.

[8] *Ibid.*, pág. 43.

en Él. Eso es lo que implica convertirse desde el punto de vista humano.

Sin embargo, la Biblia también nos enseña que ningún pecador puede volverse por un mero acto de su voluntad a menos que Dios haga una obra previa en su corazón, en el centro mismo de su personalidad. Uno de los pasajes bíblicos que nos muestra esta realidad es pronunciado por el profeta Jeremías y contiene las palabras que encabezan este capítulo:

«Escuchando, he oído a Efraín que se lamentaba:
Me azotaste, y fui castigado como novillo indómito;
conviérteme, y seré convertido, porque tú eres Jehová
mi Dios». (Jer. 31:18)

En varios pasajes del Nuevo Testamento se presentan la fe y el arrepentimiento como dones que Dios reparte soberanamente.[9] Por supuesto, nadie tiene que saber primero que Dios ha hecho esa obra en su interior para entonces arrepentirse y creer; nuestra responsabilidad es responder a la invitación que Dios nos hace en el evangelio y estar dispuesto a darle la espalda a nuestra vida de pecado y autojusticia para confiar únicamente en Cristo. Nuestra responsabilidad es responder al Señor cuando nos dice: «Entrad por la puerta estrecha» (Mat. 7:13). Pero cuando estemos dentro podremos percibir que Dios había hecho una obra previa de

---

[9] Comp. Hech. 5:31; 11:18; 14:27; Fil. 1:29; 2 Tim. 2:24-25.

transformación en nuestros corazones que posibilitó nuestra respuesta a Su llamado.

Si no tenemos un correcto entendimiento de todo lo que implica la verdadera conversión, poco a poco la iglesia se irá llenando de gente que alguna vez hizo una declaración de haber «aceptado a Cristo», pero sin haber experimentado ese cambio radical que Dios opera en el corazón del pecador. Por otra parte, un mal entendimiento de la doctrina bíblica de la conversión también afectará inevitablemente la manera como presentamos el evangelio, pero eso va más allá del alcance de este libro.

En los siguientes capítulos continuaremos desarrollando el *Ordo Salutis,* pero dedicaremos el siguiente para reflexionar con mayor profundidad en la justificación por medio de la fe sola.

Capítulo 7

Culpables, pero absueltos
en el tribunal de Dios

E s indudable que la justificación por la fe sola es el nervio central del evangelio. Es imposible estar realmente convertido sin tener una comprensión esencial de esta doctrina. No estoy diciendo que se requiere una comprensión profunda de todas las implicaciones teológicas de la justificación para ser salvos, pero sí debemos entender, al menos, los fundamentos básicos de esta doctrina para poder abrazar plenamente y por fe el evangelio de Cristo.

Por otra parte, una mayor comprensión de esta doctrina hará que el creyente tenga un mejor entendimiento de todo el engranaje doctrinal de las Escrituras. Un creyente entendido tendrá una capacidad mayor para repeler los ataques que Satanás dirigirá contra él para minar los cimientos de su seguridad en Cristo. Es un asunto de tanta importancia que se ha dicho que la iglesia permanece en pie o cae dependiendo de esta doctrina. La justificación por la fe sola podría ejemplificarse como el Atlas que sostiene en sus manos el mundo doctrinal de la Palabra de Dios. Sin la justificación por la fe sola no hay evangelio, y sin evangelio ya no hay iglesia ni fe cristiana. Martin Lutero dijo en cierta ocasión:

> «El artículo de la justificación [...] es el que preserva y gobierna todas las doctrinas de la Iglesia y levanta nuestras conciencias delante de Dios [...]. Si el artículo de la justificación se pierde, toda la doctrina cristiana se pierde al mismo tiempo».[1]

Juan Calvino afirma la misma importancia para esta doctrina fundamental cuando dice:

> «La doctrina de la justificación [...] es la base principal en la cual la religión debe ser soportada y, por lo tanto, requiere de un gran cuidado y atención. A menos que entiendas primero todo lo que es tu posición delante de Dios y cuál es el juicio que Él ha pasado sobre ti, no posees ningún fundamento en el cual pueda descansar tu salvación, o en el cual tu piedad pueda ser desarrollada».[2]

Esa es la razón por la que dedicaremos a esta sección una consideración más amplia y detallada, desglosando una de las

---

[1] Citado por R. C. Sproul, *Faith Alone* (Grand Rapids, MI, Baker Books; 1995), págs. 67-68.
[2] *Ibid.*

formulaciones doctrinales más importantes y precisas sobre la justificación por la fe hechas por la Iglesia de Cristo a lo largo de su historia. Me estoy refiriendo a la del Catecismo Menor de Westminster (1647), que, en respuesta a la pregunta No. 32 «¿Qué es la Justificación?», responde:

«Es un acto de la libre gracia de Dios, por medio del cual Él perdona todos nuestros pecados, y nos acepta como justos en Su presencia, mas esto solamente en virtud de la justicia de Cristo la cual nos es imputada, y que recibimos únicamente por la fe».

Veamos a continuación cada uno de los componentes de esta declaración doctrinal y su base bíblica.

El autor de la justificación: Dios

«Es un acto de la libre gracia *de Dios*».

Dios es el dador de la Ley, el Juez que ha de juzgarnos algún día y también es el único que tiene autoridad para declararnos justos en Su presencia. Solo Dios justifica al impío y ningún otro ser en el universo puede hacer tal cosa. Pablo lo explica con las siguientes palabras:

«Porque Dios es uno, y él justificará por la fe a los de la circuncisión [es decir, a los judíos], y por medio de la fe a los de la incircuncisión [es decir, a los gentiles]». (Rom. 3:30)

En otras palabras, cualquier ser humano, en cualquier parte del mundo, que sea salvado, será justificado por Dios. Pablo se hace una pregunta retórica que demuestra la inmutabilidad de la justificación: «¿Quién acusará a los escogidos de Dios? Dios es el que justifica» (Rom. 8:33).[3]

La fuente de la justificación: la libre gracia de Dios

«Es un acto *de la libre gracia* de Dios».

Todo lo que Dios hace es una expresión de Su soberanía, y eso incluye nuestra justificación. Él no *tiene* que mostrar misericordia hacia nadie y cuando lo hace es por Su pura y libre gracia. Pablo desarrolla este pensamiento en su carta a los Romanos apelando a un pasaje del Antiguo Testamento:[4]

«... Tendré misericordia del que yo tenga misericordia, y me compadeceré del que yo me compadezca.

---

[3] Comp. Rom. 3:26; 8:29-31; 1 Cor. 1:30; Fil. 3:9.
[4] Ex. 33:19.

Así que no depende del que quiere, ni del que corre, sino de Dios que tiene misericordia». (Rom. 9:15-16)

Pablo también enfatiza en su carta a los Efesios: «Bendito sea el Dios y Padre de nuestro Señor Jesucristo, que nos bendijo con toda bendición espiritual en los lugares celestiales en Cristo» (Ef. 1:3). La justificación es una de esas bendiciones. ¿Qué movió a Dios a bendecirnos de manera tan abundante? Pablo nos responde con suma claridad en la línea argumental que va desarrollando:

«... según el puro afecto de su voluntad» (1:5)

«... según las riquezas de su gracia» (1:7)

«... según su beneplácito» (1:9)

«... según el designio de su voluntad» (1:11).

Todos estos textos nos muestran que la gracia es un aspecto del carácter bondadoso de Dios que lo mueve a favorecernos al darnos a Cristo por medio de la fe. Él nos amó cuando no merecíamos ser amados y, por causa de ese amor, nos rescató de la esclavitud del pecado, nos declaró justos en virtud de la justicia perfecta de Cristo que nos fue acreditada por medio de la fe, y nos adoptó como hijos de pura gracia. De la misma manera, todos estos textos nos llevan a la conclusión de que Dios es soberano al dispensar Sus favores (comp. Rom. 3:21-24).

Los recipientes de la justificación: pecadores culpables

«Por medio del cual Él perdona todos
nuestros pecados».

Las Escrituras afirman con absoluta claridad que Dios justifica a pecadores. Ellos son el objeto de esta obra divina por pura gracia ya que no hay un solo ser humano que no esté en la categoría de impío (comp. Rom. 4:4-5). De hecho, el primer paso para ser justificados es poseer claridad de nuestra condición delante de Dios. Por eso es tan importante que proclamemos a los pecadores el alcance de la ley moral de Dios, porque la ley es el instrumento usado por el Espíritu Santo para convencer al hombre de pecado (Rom. 3:19-20).

La predicación de la ley llevará a los pecadores a comprender la magnitud de su maldad, la condenación que pesa sobre ellos y la completa imposibilidad de salvarse por sí mismos. Necesitamos mantener esa verdad pura y sin mezcla de ningún tipo. Solo así estaremos manteniendo la verdad del evangelio y la gloria de Dios brillando refulgentemente.

Dios justifica al impío.

La esencia de la justificación: perdón y aceptación delante de Dios

«Y nos acepta como justos en Su presencia».

Se trata de un *acto* de perdón y aceptación y no de un *proceso,* porque eso implicaría necesariamente algo inconcluso que necesita completarse. Por ejemplo, la santificación sí es un proceso. El cambio experimentado en la conversión nos permite experimentar una santificación inicial y posicional, a través de la cual se rompe el dominio del pecado. Ahora podemos obedecer a Dios y vivir en santidad a través de un proceso de santificación que durará toda la vida porque debemos continuar luchando con la corrupción que todavía mora en nosotros.

Por el contrario, la justificación no es un proceso, sino un acto único. Es una obra divina que no admite progreso porque se trata de un decreto perfecto y soberano de Dios. Todos los seres humanos están completa y perfectamente justificados o completamente condenados. Nadie se encuentra en un término medio o, por así decirlo, creciendo en justificación.

Ese acto divino permite que nuestra situación legal delante de Dios cambie por completo y ahora somos justos ante Su presencia. Ese es el corazón de esta doctrina bíblica. Se trata de un acto divino que nos coloca en una situación legal

DE GLORIA EN GLORIA

completamente distinta a la que teníamos antes de ser justificados. Antes estábamos completamente condenados y alejados de Dios, pero ahora hemos sido completamente perdonados y aceptados por Él. Veamos algunos textos bíblicos que afirman esta gran verdad:

> «Y todo esto proviene de Dios, quién nos reconcilió consigo mismo por Cristo, y nos dio el ministerio de la reconciliación; que Dios estaba en Cristo reconciliando consigo al mundo, no tomándoles en cuenta a los hombres sus pecados, y nos encargó a nosotros la palabra de la reconciliación. Así que, somos embajadores en nombre de Cristo, como si Dios rogase por medio de nosotros; os rogamos en nombre de Cristo: Reconciliaos con Dios. Al que no conoció pecado, por nosotros lo hizo pecado, para que nosotros fuésemos hechos justicia de Dios en Él». (2 Cor. 5:18-21)

Por la obra redentora de Cristo, no solo recibimos perdón (v. 19), sino que ahora hemos llegado a ser poseedores de la justicia misma de Dios (v. 21). Ser justificados significa que ahora somos hechos «justicia de Dios en Él». Pablo escribe en su carta a los Filipenses que él abandonó por completo su justicia propia, una «que es por la ley», para obtener en cambio «la [justicia] que es por la fe de Cristo, *la justicia que es de Dios* por la fe» (Fil. 3:9).

«Pero al que obra, no se le cuenta el salario como gracia, sino como deuda; mas al que no obra, sino cree en aquel que justifica al impío, su fe le es contada por justicia». (Rom. 4:4-5)

Al ser justificado el pecador es perdonado de todos sus pecados, pasados, presentes y futuros, a la vez que viene a ser poseedor de la justicia perfecta de Cristo, la cual le es imputada por medio de la fe:

«Como también David habla de la bienaventuranza del hombre a quien Dios atribuye justicia sin obras, diciendo: Bienaventurados aquellos cuyas iniquidades son perdonadas, y cuyos pecados son cubiertos. Bienaventurado el varón a quien el Señor no inculpa de pecado». (Rom. 4:6-7)

«Porque así como por la desobediencia de un hombre los muchos fueron constituidos pecadores, así también por la obediencia de uno, los muchos serán constituidos justos». (Rom. 5:19)

En Cristo somos constituidos justos, es decir, somos contados como personas que han guardado perfectamente la ley de Dios. No solo es necesario que todos nuestros pecados sean perdonados para poder morar eternamente en la presencia de Dios, sino que se requiere también que se ponga a nuestra cuenta la justicia de Alguien que haya cumplido perfectamente la ley divina. Eso es exactamente lo que hace Dios al justificarnos en Cristo.

La base de la justificación: únicamente la justicia de Cristo

«Mas esto solamente en virtud de la justicia de Cristo».

Los teólogos que escribieron esta declaración quisieron dejarnos en claro, en primer lugar, cuál *no* es la base sobre la que Dios nos declara perdonados y aceptados en Su presencia. Por eso, en el Catecismo Mayor, respondiendo de nuevo la pregunta «¿Qué es la justificación?», declaran:

> «La justificación es un acto de la libre gracia de Dios para con los pecadores, por el cual él perdona todos sus pecados, acepta y estima sus personas como justas a su vista, *y esto no por alguna cosa hecha en ellos o por ellos*». (Énfasis añadido)

Para entender el contenido de esta declaración negativa, debemos detenernos por un momento a considerar la enseñanza oficial de la Iglesia católica romana sobre la base de nuestra justificación. Se trata precisamente del error que intentan refutar los autores del Catecismo. La Iglesia católica enseña que Dios tiene que infundir en el pecador la justicia de Cristo para que pueda ser justificado y así estar capacitado para obrar justamente. Si el pecador contribuye con esa gracia y obra en conformidad con la justicia que le ha sido infundida, entonces es justificado. En otras palabras, Dios nos hace justos, y si nosotros actuamos en conformidad con esa justicia, entonces Dios nos declara justificados. La base de la justificación viene a ser, entonces, algo hecho *en* nosotros (la obra a través de la cual Dios nos ha capacitado para ser justos), y algo hecho *por* nosotros (nuestro buen obrar con base en la obra que Dios hizo en nosotros). Esta doctrina contradice la clara enseñanza del Nuevo Testamento, donde se insiste en que el ser humano «es justificado por fe sin las obras de la ley» (Rom. 3:28).[5]

¿Cuál es, entonces, la base de nuestra justificación? Única y exclusivamente Jesucristo: «No por por ninguna cosa obrada en ellos, o por ellos, *sino únicamente por la obediencia perfecta y completa satisfacción de Cristo*». Esa es la clara enseñanza del Nuevo Testamento: «Justificados, pues, por la fe, tenemos paz para con Dios por medio de nuestro Señor Jesucristo» (Rom. 5:1).

> «¿Quién acusará a los escogidos de Dios? Dios es el que justifica. ¿Quién es el que condenará? Cristo es el que murió; más aun, el que también resucitó, el

---

[5] Comp. Rom. 4:4-5; Ef. 2:8-9; Tit. 3:5.

que además está a la diestra de Dios, el que también intercede por nosotros». (Rom. 8:33-34)

El teólogo puritano William Bridge enfatiza justamente que la justificación es:

> «… ese acto bondadoso y justo de Dios, por medio del cual, a través de la imputación de la justicia de Cristo, el creyente es judicialmente libertado de la culpa de todo pecado, y aceptado como justo en Cristo para vida eterna».[6]

El método de la justificación: por imputación

«La cual nos es imputada».

La palabra «imputar» significa «atribuir», «achacar», «cargar en la cuenta de otro». El concepto de imputación neotestamentario encuentra su raíz en el Antiguo Testamento. Al israelita que no practicara los ritos prescritos por la ley, se le contaba o imputaba como culpa (Lev. 7:18; 17:3-4). En sentido contrario, David habla de la bienaventuranza del hombre a quien no se le inculpa de pecado (Sal. 32).

---

[6]William Bridge, *The Works of the Reverend William Bridge* (Beaver Falls, PA, Soli Deo Gloria Publications, Vol. 5, 1989), pág. 367.

Pablo usa el ejemplo de Abraham en su carta a los Romanos, de quien se dice que creyó y su fe le fue contada o imputada como justicia (Rom. 4:3). Luego cita como apoyo de esta enseñanza al salmo de David que mencionamos con anterioridad, precisamente para probar que este mensaje del evangelio no es nuevo (Rom. 4:6-8). A todo pecador que ha sido salvado a través de la obra de la redención de Jesucristo se le ha imputado una justicia que le pertenece a otro.

Una de las ilustraciones más hermosas de imputación del Nuevo Testamento la encontramos en la carta de Pablo a Filemón. Se trata el caso de un esclavo fugitivo llamado Onésimo. Pablo le escribe a Filemón, el amo de Onésimo, para pedirle que lo reciba de nuevo, ya no como un esclavo, sino como un hermano en Cristo (Onésimo había conocido al Señor, muy probablemente por medio de su contacto con Pablo durante su encarcelamiento en Roma). Luego del pedido añade: «Y si en algo te dañó, o te debe, ponlo a mi cuenta» (v. 17). Pablo literalmente está diciendo «impútalo a mí» al usar la misma terminología de Romanos (cap. 4). Pablo estaba pidiéndole a Filemón que le imputara la deuda de Onésimo como si fuese suya.

Asumir nuestra deuda como propia es precisamente lo que hace Dios con el pecador cuando él o ella deposita su fe en Cristo. En la cruz del Calvario nuestros pecados le fueron imputados a Cristo, de manera que Él pagó por ellos al morir en nuestro lugar. De igual modo, la justicia perfecta de Cristo es puesta en nuestra cuenta o es imputada a nuestro favor por medio de la fe:

«Al que no conoció pecado, por nosotros lo hizo pecado, para que nosotros fuésemos hechos justicia de Dios en él». (2 Cor. 5:21)

Por eso es importante insistir en que Cristo no solo murió, sino que también vivió por nosotros. Él vivió la vida de obediencia que nosotros no podíamos vivir y luego murió en la cruz del Calvario la muerte que nosotros merecíamos por nuestras transgresiones. De manera que somos salvos por Su vida y por Su muerte (Rom. 5:12-21; Fil. 3:7-9).

El medio de recepción de la justificación: la fe sola

«Y que recibimos únicamente por la fe».

«Mas el que no obra, sino que cree en aquel que justifica al impío, su fe le es contada por justicia». (Rom. 4:5)

Aquí tenemos la gran noticia del evangelio:

¡El pecador es justificado, declarado justo
delante de Dios,
únicamente por medio de su fe en Cristo!
(Rom. 5:1; Ef. 2:8-9)[7]

Es necesario aclarar que la fe no es una especie de «obra» que mueve a Dios a justificarnos. La Biblia, de hecho, contrasta la fe con las obras. La salvación es por fe para que no sea por obras, porque la fe es un acto, pero no es una obra. Somos justificados por medio de la fe sola, pero no por causa de nuestra fe. La fe es una mano desnuda que se extiende, no para dar, sino para recibir. La fe es la manifestación de un corazón que no tiene nada que ofrecer y humildemente acepta con manos abiertas lo que Dios ha prometido obsequiarle. Somos justificados por medio de la fe sola, precisamente para que no haya obras de por medio, ya que estas son inútiles para adquirir la salvación. El apóstol Pablo deja claro en su carta a los Efesios que, precisamente porque la salvación es por gracia, tiene que ser por medio de la fe y no por obras:

«Porque por gracia sois salvos por medio de la fe; *y esto* no de vosotros, pues es don de Dios; no por obras, para que nadie se gloríe». (Ef. 2:8-9, énfasis añadido)

---

[7] Comp. Rom. 3:21-22, 26-31; 4:3-5.

El pronombre demostrativo neutro «esto» abarca el proceso completo de salvación «por gracia… por medio de la fe». Todo el conjunto «es don de Dios» (incluyendo la fe). De modo que no es propiamente la fe la que salva, sino que Jesucristo salva por medio de la fe. La fe es simplemente el medio instrumental por medio del cual recibimos lo que Dios nos otorga en Cristo, únicamente por Su sola gracia.

En el próximo capítulo continuaremos con el *Ordo Salutis* al considerar la adopción, la santificación, la perseverancia y la glorificación.

Capítulo 8

Adoptados, santificados, preservados y glorificados

Un exoficial de seguridad llamado van der Broek fue juzgado por un crimen horrible en Sudáfrica durante la época posterior al *apartheid*. Una noche llegó a la casa de una familia de gente de color, se llevó a su hijo, le disparó a bocajarro y luego quemó su cuerpo mientras él y un grupo de amigos estaban de juerga. Más tarde regresó a la casa, se llevó al padre del joven. Su esposa no supo de él hasta dos años más tarde, cuando el policía regresó a buscarla para llevarla a un lugar a la orilla de un río donde su esposo, vivo aún, estuvo atado y golpeado y luego lo colocaron sobre una pila de madera, lo empaparon de gasolina y le prendieron fuego. Sus últimas palabras fueron: «Padre, perdónalos...».

Luego de comprobada la culpabilidad de van der Broek, un miembro de la Comisión para la Verdad y la Reconciliación de Sudáfrica se dirigió a su esposa en la corte y le preguntó: «¿Cómo deberíamos hacer justicia con este hombre que acabó tan brutalmente con su familia?».

—Quiero tres cosas —respondió ella—. Primero, quiero que me lleven al lugar donde fue quemado el cuerpo de mi esposo para poder reunir el polvo [las cenizas] y enterrar decentemente sus restos. Mi esposo y mi hijo eran mi única familia. Por eso, como segundo punto, quiero que el señor van der Broek se convierta en mi hijo. Quiero que venga dos veces al mes al gueto y pase un día conmigo para yo poder darle todo el amor que me queda. Finalmente, quisiera que el señor van der Broek sepa que le ofrezco mi perdón porque Jesús murió para perdonar [...]. Por eso, quiero pedirle a alguien que venga y me ayude a cruzar la sala de audiencias para poder abrazar al señor van der Broek y expresarle que lo he perdonado verdaderamente.

Mientras los asistentes de la corte ayudaban a la mujer anciana a atravesar la sala de audiencias, el señor van der Broek se desmayó, abrumado por lo que había escuchado».[1]

Sin duda alguna, esta es una historia sorprendente y que ha levantado no pocos cuestionamientos desde que comenzó a ser difundida. ¿Merecía ese hombre tan malvado tanta

---

[1] Bryan Chapell, *Gracia sin límite: La dinámica del corazón que nos libera del pecado e impulsa nuestra vida cristiana* (Antioquia, Colombia, Poiema Publicaciones, 2020), págs. 117-118.

110

compasión? ¡Por supuesto que no lo merecía! Pero como bien señala Bryan Chapell, esta historia plantea otra pregunta no menos importante: «¿Qué puede motivar a alguien a ofrecer un perdón como el de esta mujer?».

Para cualquiera que conozca el Nuevo Testamento, la respuesta es tan clara como la luz del medio día: el amor perdonador de Dios. A fin de cuentas, ninguno de nosotros merecemos el perdón de Dios, pero aun así «Jesús murió para perdonar». Como dijo el ministro puritano Thomas Watson: Cristo «saltó al mar de la ira de Su Padre para salvar a su esposa de morir ahogada».[2] Por amor dejó Su trono en el cielo, sin dejar de ser Dios cubrió Su gloria divina con el velo de Su humanidad, vino a la tierra en forma de siervo, sufrió el rechazo de sus propias criaturas; fue escupido, burlado, coronado de espinas y, finalmente, murió en una cruz para rescatarnos de la condenación del pecado… y para que pudiéramos ser adoptados como hijos de Dios.

La adopción

Este es un aspecto de nuestra salvación que sigue lógicamente a la justificación. Una persona puede haber cometido un crimen y ser encerrada durante años en una institución

---

[2]Larry E. McCall, *Amando a tu esposa como Cristo ama a la iglesia* (Antioquia, Colombia, Poiema Publicaciones, 2020), pág. 73.

penal. A los ojos de la sociedad será un criminal perdonado cuando cumpla su condena. Sin embargo, cuando Dios nos justifica no nos ve únicamente como pecadores perdonados, sino más bien como individuos justos que hemos cumplido perfectamente Su ley moral.[3] El Señor no solamente nos absuelve, sino que también nos adopta como hijos y nos otorga todos los derechos y prerrogativas que eso implica (Rom. 8:15; Gál. 3:23-29; 4:4-7).

La adopción puede definirse como un acto legal por pura gracia a través del cual Dios confiere a pecadores perdonados el estatus de hijos y, aunque depende de la regeneración y de la justificación, no debe confundirse con ninguna de las dos. Murray explica estos vínculos y sus significados:

«La justificación significa nuestra aceptación para con Dios como justos y el otorgamiento del derecho a la vida eterna. La regeneración es la renovación de nuestros corazones según la imagen de Dios. Pero por sí mismas estas bendiciones, por preciosas que sean, no indican lo que se confiere mediante el acto de adopción. Por adopción los redimidos llegan a ser hijos e hijas del Señor Dios Todopoderoso; son introducidos y reciben los privilegios de la familia de Dios».[4]

---

[3] En inglés es común el acróstico «justified»: *«Just as if I had never sinned»*, que se puede traducir «como si nunca yo hubiese pecado».

[4] John Murray, *La redención consumada y aplicada* (Terrassa, Barcelona, Editorial CLIE, 1993), pág. 142.

Nadie puede llegar a ser un hijo de Dios, a menos que Él lo adopte. El único Hijo no adoptado que Dios tiene es Dios el Hijo. Todos los demás son Suyos por adopción. Por lo tanto, Dios nos adoptó de pura gracia, por medio de la fe en Jesucristo, para que nos relacionemos con Él, no con el temor de un esclavo, sino con la confianza de un hijo. Pablo lo expresa con estas palabras en su carta a los romanos:

> «Pues no habéis recibido el espíritu de esclavitud para estar otra vez en temor, sino que habéis recibido el espíritu de adopción, por el cual clamamos: ¡Abba, Padre!». (Rom. 8:15)

El término arameo «Abba» era una palabra que los niñitos podían balbucear. No era tan formal como «padre», sino un término que denotaba mucha ternura y confianza. Es la expresión que usó el Señor Jesucristo en el huerto de Getsemaní. Pablo se había referido poco antes al Espíritu Santo como «el Espíritu de Cristo» (comp. Rom. 8:9). Cuando el Espíritu de Cristo viene a morar en nosotros, nos mueve a clamar al Padre con la misma confianza con la que Él clamaba en momentos de angustia y necesidad. Pablo enseña lo mismo en Gálatas:

> «Pero cuando vino el cumplimiento del tiempo, Dios envió a su Hijo, nacido de mujer y nacido bajo la ley, para que redimiese a los que estaban bajo la ley, a fin de que recibiésemos la adopción de hijos. Y por

cuanto sois hijos, Dios envió a vuestros corazones el
Espíritu de su Hijo, el cual clama: ¡Abba, Padre!».
(Gál. 4:4-6)

El Espíritu de Cristo en nosotros nos mueve a clamar a
nuestro Padre con la confianza de un hijo: «Padre mío te
necesito. Estoy perplejo, angustiado. No entiendo lo que está
pasando y siento que mis fuerzas se están agotando. Pero yo
confío en ti porque sé que me amas con la misma clase de
amor que tienes hacia tu Hijo Jesús». ¡Qué bendito misterio!
Unidos a Cristo por la fe ahora experimentamos el mismo
amor que Dios el Padre tiene por Dios el Hijo.

La santificación

Aunque la doctrina de la santificación es central en este libro,
por el momento voy a limitarme a definir el término en sus
dos categorías bíblicas: posicional y progresiva, para volver
sobre el tema más adelante.

Santificación posicional u objetiva

Se refiere a la obra soberana de Dios a través de la cual
el creyente es apartado para ser posesión Suya, declarado
santo por medio de la fe en la obra redentora de Cristo y

librado del poder del pecado en su vida. Esta es una obra monergística definitiva y completa, que no admite progreso alguno. Todo creyente *es* santo y se trata de una realidad que el Nuevo Testamento reconoce al denominar a los cristianos como «santos en Cristo» (Rom. 8:27; 1 Cor. 1:2; 6:2, 11; Ef. 1:1, 18; Fil. 1:1; Col. 1:2).

Santificación progresiva

El Nuevo Testamento también reconoce la realidad de que el creyente en Cristo, que ya ha sido santificado, se encuentra inmerso en un proceso de transformación gradual, por medio del cual está siendo conformado cada vez más a la imagen de nuestro Señor Jesucristo. Pablo se refiere a los creyentes en Corinto como «los santificados en Cristo Jesús»; pero, al mismo tiempo, dice que ellos fueron «llamados a ser santos» (1 Cor. 1:2). Por eso el Señor ha dejado muy claro en la Escritura que Él nos llama a buscar la santidad y nos exhorta a usar los recursos de gracia que ha puesto a nuestro alcance para que podamos crecer y madurar espiritualmente.[5]

La relación entre la santificación posicional y progresiva puede ser ilustrada con la siguiente analogía provista por Mahaney y Boisvert.[6] El desembarco de las fuerzas aliadas en

---

[5]Comp. 2 Cor. 7:1; Heb. 12:14; 1 Ped. 1:15-16.

[6]Tomada de C. J. Mahaney y Robin Boisvert; *How Can I Change* (USA, Sovereign Grace Ministries, 1993), pág. 3.

las playas de Normandía durante la Segunda Guerra Mundial el 6 junio de 1944 (evento conocido en la historia como el Día D) selló la derrota de Hitler y de la Alemania nazi. Podríamos decir que la Segunda Guerra Mundial se decidió ese día. Sin embargo, el Día V o el de la victoria total de los aliados no ocurrió sino hasta el momento en que las fuerzas alemanas se rindieron en Berlín el 7 de mayo de 1945. En ese intervalo de 11 meses se pelearon las batallas más sangrientas de toda la guerra en Francia, Bélgica y Alemania. Aunque el enemigo estaba mortalmente herido, todavía continuó haciendo mucho daño por algún tiempo.

Si aplicamos esa analogía a la vida cristiana, entonces podemos decir que la cruz de Cristo fue el Día D de nuestra salvación debido a que nuestros pecados ya fueron pagados por Él y por eso no tenemos cuentas pendientes en el tribunal de Dios. Nosotros hemos sido libertados definitivamente de la esclavitud del pecado y el poder de Satanás en nuestras vidas, pero todavía no hemos llegado al Día V. Ya sabemos cuál será el resultado de la guerra, pero el pueblo de Dios tendrá que pelear muchas batallas contra las fuerzas del enemigo hasta la segunda venida de Cristo.

Ese proceso de santificación progresiva involucra dos aspectos fundamentales:

La mortificación del pecado.

La vivificación de la nueva naturaleza que ahora tenemos por causa de la regeneración y nuestra unión con Cristo.

A través de la mortificación,[7] los deseos pecaminosos son debilitados, mientras el Espíritu obra en nosotros y va fortaleciendo los nuevos deseos que son conformes a la voluntad de Dios y al carácter santo de nuestro Señor Jesucristo.[8] Pero ya hablaremos de este tema más ampliamente en la segunda parte de este libro.

La perseverancia

Dios llama eficazmente, regenera, convierte, justifica, adopta y santifica al creyente. También lo preserva en su fe hasta llevarlo seguro a Su presencia. El apóstol Pedro le escribe en su primera carta a un grupo de creyentes que estaban sometidos a fuertes presiones y les dice:

«Bendito el Dios y Padre de nuestro Señor Jesucristo, que según su grande misericordia nos hizo renacer para una esperanza viva, por la resurrección

---

[7] La palabra mortificación podría sonar a causar molestia o vergüenza en español, pero, en realidad, viene del latín *mors* (morir) y *facere* (hacer), es decir, hacer morir el pecado en nuestras vidas.

[8] Comp. Rom. 8:12-15; Col. 3:1-5; Gál. 5:16-24.

de Jesucristo de los muertos, para una herencia inco-
rruptible, incontaminada e inmarcesible, reservada
en los cielos para vosotros, que sois guardados por
el poder de Dios mediante la fe, para alcanzar la
salvación que está preparada para ser manifestada en
el tiempo postrero». (1 Ped. 1:3-5)

En primer lugar, Pedro nos dice que nuestra herencia está
segura y está «reservada en los cielos para vosotros» (v. 4).
La palabra «reservada» significa literalmente «guardada, vigi-
lada, protegida». Es obvio que Pedro se refiere a Dios como
Aquel que guarda, vigila y protege nuestra heredad recibida
por gracia. Pero, en segundo lugar, nos dice también que no
solo la herencia está bajo Su cuidado, sino también los here-
deros: «que sois guardados por el poder de Dios mediante
la fe» (v. 5). La palabra «guardar» es un término militar que
se usaba en aquellos días para señalar la protección de una
ciudad amenazada.

El enemigo de nuestras almas nos tiene bajo asedio y siempre está tratando de impedir por todos los medios posibles
que recibamos nuestra herencia. Sin embargo, nuestro Dios
está comprometido con nuestra protección hasta que lleguemos sanos y salvos al lugar de nuestro reposo en Su presencia.
Teniendo en cuenta esa decisión divina, entonces podemos
concluir con confianza que no existe posibilidad alguna de
que un creyente verdadero pueda perderse y dejar de recibir
su herencia. No hay ninguna fuerza en el universo que sea

capaz de echar abajo esa muralla de protección establecida por Dios mismo.[9]

Es importante hacer una aclaración a una interrogante que es posible que esté en tu mente. Esta doctrina bíblica no desdice la realidad evidente de que muchos que profesan ser creyentes apostatan de la fe y terminan sus días en perdición. Pero la Biblia enseña claramente que tales personas nunca experimentaron realmente la gracia de la salvación en Cristo.[10] Por otra parte, esta doctrina tampoco niega la responsabilidad que tiene el que profesa ser creyente de perseverar en su fe.[11]

No será posible que desarrolle en esta obra todo lo relacionado con la tensión que encontramos en el Nuevo Testamento entre la preservación de Dios y la perseverancia del creyente. Sin embargo, no quisiera dejar de decir que este es el tipo de tensión que encontramos en otros aspectos de la doctrina bíblica de la salvación:

DIOS	EL SER HUMANO
Da la gracia de la fe (Hech. 18:27; Ef. 2:8-9; Fil. 1:29)	Es el que cree (Mar. 1:14-15; Hech. 16:31)
Da la gracia del arrepentimiento (Hech. 5:31; 11:18; 2 Tim. 2:25)	Es el que se arrepiente (Hech. 2:38; 3:19; 17:30)
PRESERVA	**PERSEVERA**

---

[9] Comp. Juan 5:24; 10:27-30; Rom. 8:28-39; Ef. 1:13-14; 4:30; Jud. 24-25

[10] Comp. Mat. 7:21-23; 1 Jn. 2:19; 3:6; 2 Jn. 9.

[11] Comp. Col. 1:21-23; Heb. 6:4-8; 10:26-31.

¿Cómo sabemos que una persona ha recibido el don de la fe?

Porque cree.

¿Cómo sabemos que una persona ha recibido el don del arrepentimiento?

Porque se arrepiente.

¿Cómo sabemos que una persona está siendo preservada por Dios?

Porque está perseverando.

La gran seguridad que la Escritura recalca es que la fe verdadera persevera. No importa cuánto tiempo pueda estar una persona en la iglesia y cuántos frutos pueda haber mostrado en el pasado, si se aparta del evangelio, vuelve a su vida pecaminosa y nunca regresa a Cristo con arrepentimiento y fe, entonces la conclusión es que nunca fue salva. El apóstol Juan lo explica con las siguientes palabras sumamente esclarecedoras y que no necesitan mayor explicación:

«Salieron de nosotros, pero no eran de nosotros; porque si hubiesen sido de nosotros, habrían permanecido con nosotros; pero salieron para que se manifestase que no todos son de nosotros». (1 Jn. 2:19)

Los creyentes, en cambio, perseverarán hasta el fin porque Cristo y el Padre nos tienen asidos de Sus manos (Juan 10:27-30). También porque nuestra salvación depende de la justicia de Jesús y no de la nuestra (Rom. 8:1), porque desde ya disfrutamos de la vida eterna en Cristo (Juan 5:24; 1 Jn. 5:12), y porque nuestro Dios concluye lo que empieza (Fil. 1:6).

La glorificación

La glorificación no solo es el paso final del *Ordo Salutis*, sino también la meta hacia la cual se mueve todo el proceso de la aplicación de la salvación. Es la culminación del propósito eterno del Padre, quien predestinó a sus escogidos desde antes de la fundación del mundo para que fuesen hechos «conformes a la imagen de Su Hijo» (Rom. 8:29). Esta glorificación no actúa juntamente con la muerte del cristiano, ya que en ese momento su alma es perfeccionada,[12] pero su cuerpo queda en la tierra para atravesar un proceso de descomposición (Gén. 3:19). La transformación de nuestros cuerpos se hará realidad en la segunda venida de Cristo (Rom. 8:17, 23; 1 Cor. 15:42-57; Fil. 3:21; Col. 3:4; 1 Tes. 4:13-18; 1 Jn. 3:2). Cuando Cristo regrese en gloria contemplaremos y compartiremos Su gloria.

---

[12] Comp. Heb. 11:39-40; 12:23.

Ahora somos personas comunes y corrientes delante de los ojos del mundo incrédulo. Pero nuestra filiación con Dios será revelada en aquel día en todo su esplendor. El mundo contemplará con asombro quienes somos en Cristo. Sin embargo, dice Pablo que, debido a que Cristo es nuestra vida, cuando Él «se manifieste, entonces vosotros también seréis manifestados con él en gloria» (Col. 3:4). Nuestro estatus como hijos adoptados de Dios será públicamente develado en aquel día.

No olvides que somos extranjeros y peregrinos en un mundo que no funciona como debiera. Sigue corriendo en esperanza, haciendo la voluntad de Dios, proclamando el evangelio a un mundo perdido en sus pecados y sirviendo a Su pueblo sacrificialmente y en amor. Atesora las Escrituras, atesora las promesas de Dios que son tuyas en Cristo, por causa de nuestra unión con Él, y sigue corriendo la carrera con paciencia y los ojos puestos en Él (Heb. 12:1-2). La esperanza por el futuro no nos convierte en personas escapistas, sino que nos impulsa a ser apasionadamente activos en el presente.

Toma el telescopio de las Escrituras para que puedas ver más allá de las aflicciones presentes y contemples la gloria que nos aguarda cuando nuestro Señor Jesucristo regrese en gloria. Si bien nos gozamos en Cristo y en nuestra salvación aquí y ahora, sabemos que lo mejor está por venir.

En los próximos capítulos estaremos desarrollando la santificación progresiva a la luz del evangelio y sus implicaciones en la vida de los creyentes.

Capítulo 9

Transformados de gloria en gloria

Sir Arthur Conan Doyle, el creador de Sherlock Holmes, escribió una novela sobre un científico llamado «el profesor Challenger» que dice haber descubierto un mundo perdido poblado por dinosaurios de la era jurásica en una llanura de América del Sur. La trama gira en torno a la lucha de Challenger para convencer a los escépticos de la comunidad científica, quienes se burlan de su supuesto hallazgo.

Muchos que profesan ser cristianos reaccionan con ese mismo escepticismo cuando hablamos del deber que tienen los creyentes de ser santos. Pareciera como si estuviéramos hablando de un mundo perdido que pertenece a una era jurásica del cristianismo. Otros rechazan inconscientemente la idea de la santidad, porque la imagen que viene a sus mentes al escuchar esta palabra es la de un santurrón hipócrita, amargado, severo, aburrido e hipercrítico.

Pero nada puede estar más lejos de la realidad. La Biblia dice que la santidad es el atributo por excelencia que hace a

Dios hermoso y glorioso (Isa. 6:3). La santidad es el brillo de Su gloria. Él nos manda explícitamente en Su Palabra que seamos santos porque Él es santo. La santidad no es opcional para el creyente ni es un bono reservado para los súper miembros de la Iglesia. Tampoco está asociada en la Escritura con santurrones amargados y aburridos.

La santidad, de hecho, no solo está conectada en la Escritura con la pureza moral, sino también con el gozo. Nuestro Dios es un Dios feliz y quiere compartir con nosotros esa vida bienaventurada al darnos Sus mandamientos y producir en nosotros un carácter como el Suyo. Dice el salmista:

> «Los mandamientos de Jehová son rectos,
> que alegran el corazón».
> (Sal. 19:8)

El Señor Jesucristo les dice a Sus discípulos:

> «Si guardareis mis mandamientos, permaneceréis en mi amor; así como yo he guardado los mandamientos de mi Padre, y permanezco en su amor. Estas cosas os he hablado, para que mi gozo esté en vosotros, y vuestro gozo sea perfecto». (Juan 15:10-11)

Dios está interesado en nuestro gozo y precisamente por eso está interesado en nuestra santidad. Hay un vínculo inseparable entre la santidad y el gozo. Por eso los pastores que aman a su gente deben modelar delante de ellos una vida de santidad, y enseñarles y exhortarles a la santidad. Cuando escribe a los corintios, Pablo les dice en su segunda carta que el propósito de su ministerio no era enseñorearse de su fe, «sino que colaboramos para vuestro gozo» (2 Cor. 1:24). Estamos colaborando con su gozo cuando exhortamos a los creyentes a ser santos, porque el gozo y la santidad caminan de la mano. El pecado es el que produce una vida desgraciada.

> **Mientras seamos más parecidos
> a Dios, más bienaventurados
> seremos.**

Como vimos en el capítulo 2, la caída de nuestros primeros padres en el huerto de Edén produjo como resultado una desfiguración de la imagen de Dios con la que fueron originalmente creados. Esto no solo los afectó a ellos, sino también a toda su descendencia, es decir, toda la raza humana. La buena noticia del evangelio es que Dios hizo provisión en Cristo para echar atrás todos los efectos del pecado. Somos salvos de la condenación del pecado a través de la obra de Cristo, pero también somos libertados de su esclavitud para que el pecado no nos domine a su antojo y podamos ser restaurados a la imagen de Dios. Esta es la meta de la salvación:

**No simplemente asegurar que al final de nuestra
vida terrenal vayamos al cielo, sino restaurar la**

imagen de Dios en nosotros que quedó desfigurada por causa del pecado.

Pablo enfatiza en su carta a los efesios que el Señor nos escogió para salvación desde antes de la fundación del mundo «para que fuésemos santos y sin mancha delante de él» (Ef. 1:3-4). De igual manera, en su carta a los romanos afirma que la salvación es para que fuésemos hechos «conformes a la imagen de su Hijo» (Rom. 8:28-29). Por lo tanto, se espera del cristiano que:

Manifieste en su vida el fruto del Espíritu
(Gál. 5:22-23).
No practique el pecado (1 Jn. 3:8).
Ame a sus hermanos en la fe (1 Jn. 3:10).
Ande en las buenas obras que Dios preparó de
antemano (Ef. 2:10).
Sea rico en buenas obras (1 Tim. 6:18).
Ande como es digno de su vocación (Ef. 4:1)
Presente su cuerpo en sacrificio vivo, santo y
agradable a Dios (Rom. 12:2).

J. I. Packer afirmó: «Así como Cristo murió para que podamos ser justificados, de igual manera somos justificados para que podamos ser santificados y hechos santos».[1] Aun-

---

[1] J. I. Packer; citado por Kevin De Young, *The Hole in our Holiness* (Wheaton, IL, Crossway, 2012), pág. 24.

que se trata de un proceso que solo será concluido cuando seamos glorificados (por eso se denomina «santificación progresiva»), la Escritura enseña que está tomando lugar aquí y ahora. Pablo no duda en decir que «somos transformados de gloria en gloria» (2 Cor. 3:18). Lo que quisiera mostrar a continuación es que ese proceso avanza exactamente como empezó:

a través del evangelio.

Todo verdadero creyente percibe una brecha entre el conocimiento que tiene de la voluntad revelada de Dios y su propia vida, pero, como bien señala Brian Hedges:

> «Esa brecha no se cerrará por movernos del evangelio hacia alguna otra cosa o por añadir algo más al evangelio. Tú y yo experimentaremos un cambio profundo y duradero solo en la medida en que el Espíritu Santo aplica progresivamente a nuestros corazones un entendimiento más sólido, práctico y cuidadoso de lo que Dios ha hecho por nosotros a través de la muerte y la resurrección de Cristo. La santificación, lo mismo que la justificación, depende de nuestra unión con Cristo».[2]

---

[2]Brian G. Hedges, *Christ Formed in You: The Power of the Gospel for Personal Change* (Wapwallopen, PA, Shepherd Press, 2010), pág. 99.

La santificación progresiva y nuestra unión con Cristo

Después de haber explicado la relación que guarda el pecado de Adán con nuestra condición de pecadores y la obediencia de Cristo con nuestra justificación (Ro 5:12-21), en el capítulo siguiente Pablo pasa a considerar las implicaciones prácticas de ser justificados por la fe.

> «¿Qué, pues, diremos? ¿Perseveraremos en el pecado para que la gracia abunde? En ninguna manera. Porque los que hemos muerto al pecado, ¿cómo viviremos aún en él? ¿O no sabéis que todos los que hemos sido bautizados en Cristo Jesús, hemos sido bautizados en su muerte? Porque somos sepultados juntamente con él para muerte por el bautismo, a fin de que como Cristo resucitó de los muertos por la gloria del Padre, así también nosotros andemos en vida nueva». (Rom. 6:1-4)

El apóstol está enfrentando la posible acusación de que el mensaje de la justificación por la fe promueve el libertinaje, pero nada puede estar más lejos de la realidad. Cristo estaba firmando el acta de defunción de nuestro antiguo «yo» orientado hacia el pecado cuando murió en la cruz del Calvario. De la misma manera, nosotros resucitamos juntamente con

Él cuando resucitó de la tumba al tercer día, y desde ese momento comenzamos a vivir una clase de vida diferente (Col. 3:1-3). Como bien señala Michael Horton: «Dios no viene a nosotros a mejorar nuestras vidas, sino a acabar con ella; no a transformar al "viejo Adán", sino a matarlo y a resucitarnos juntamente con Cristo [para andar] en novedad de vida».[3] Todo esto vino a ser una realidad cuando nuestra vida fue unida a la Suya por medio de la fe en Él.

En lo que respecta a su antigua vida, el cristiano está muerto a sus antiguas metas y ambiciones, a sus antiguos intereses.[4] Por supuesto, esto tiene repercusiones enormes en lo que respecta a nuestra santificación progresiva, como vemos claramente en la exhortación de Pablo:

«No reine, pues, el pecado en vuestro cuerpo mortal, de modo que lo obedezcáis en sus concupiscencias; ni tampoco presentéis vuestros miembros al pecado como instrumentos de iniquidad, sino presentaos vosotros mismos a Dios como vivos de entre los muertos, y vuestros miembros a Dios como instrumentos de justicia. Porque el pecado no se enseñoreará de vosotros; pues no estáis bajo la ley, sino bajo la gracia». (Rom. 6:12-14)

---

[3] Michael Horton, *The Gospel – Driven Life* (Grand Rapids, MI, Baker Books, 2009), pág. 60.
[4] Comp. Gál. 2:20.

Es muy probable que el último párrafo de este pasaje (v. 14) sea uno de los pasajes más mal interpretados del Nuevo Testamento. Las consecuencias de esa mala interpretación son sencillamente devastadoras para la vida espiritual del cristiano. Algunos entienden que lo que Pablo está diciendo es que, en virtud de nuestra justificación, ya no tenemos obligación alguna de obedecer los mandamientos de Dios. Sin embargo, al observar el texto con más cuidado y luego de estudiarlo en su contexto, podremos darnos cuenta de que Pablo está diciendo exactamente lo opuesto.

Los seres humanos son criaturas de Dios que no tienen otra opción que obedecer Sus mandamientos, pero no quieren ni pueden hacerlo debido a que son esclavos del pecado. Eso es lo que significa estar bajo la ley. Es estar bajo la terrible condición de tener que obedecer la ley, pero sin contar con los recursos que se necesitan para obedecerla. Por el contrario, estar en Cristo significa que hemos sido libertados de la tiranía del pecado y de Satanás al haber muerto y resucitado juntamente con Él (v. 11). Aunque el pecado sigue siendo nuestro enemigo, ya dejó de ser nuestro rey. Pablo señala con absoluta claridad que el pecado no puede enseñorearse nunca más de nosotros, porque no estamos bajo la ley, «sino bajo la gracia» (v. 14). En otras palabras, ahora contamos con todos los recursos que emanan de la gracia de Dios por causa de nuestra unión con Cristo en Su muerte y Su resurrección, de modo que ahora podemos obedecer a Dios, no perfectamente, pero sí con sinceridad.

**Ahora tenemos la capacidad de
hacer uso de los recursos de gracia
que Dios ha puesto a nuestro
alcance para que crezcamos en
santidad, mortificando el pecado
y cultivando las virtudes que nos
hacen ser cada vez más semejantes
a nuestro Señor Jesucristo.**

¿Qué debe hacer el creyente ante una realidad tan gloriosa para poder crecer en santidad? ¡Apropiarse de ella por la fe!

«Así también vosotros consideraos muertos al pecado, pero vivos para Dios en Cristo Jesús, Señor nuestro». (Rom. 6:11)

No se trata de una exhortación al creyente a hacer morir el pecado que todavía mora en él,[5] sino a reconocer que, por causa de nuestra unión con Cristo, *ya hemos muerto al pecado*.[6] En otras palabras, Pablo nos está exhortando a vivir a la luz del evangelio. Hedges lo explica con las siguientes palabras:

«*Si tú estás en Cristo, tu identidad fundamental ha sido cambiada.* Tu identidad no es definida por los

---

[5] Comp. Rom. 8:13.
[6] Comp. Rom. 6:6.

pecados de tu pasado, sino por la justicia y obediencia de Jesucristo».[7]

Esa es la base sobre la cual ahora podemos cumplir con nuestras
responsabilidades en nuestra búsqueda de la santificación progresiva, en dependencia del Espíritu de Dios y permaneciendo
en comunión con Jesús. Como bien señala Kevin De Young:

«Siempre debemos recordar que al procurar la santidad no vamos detrás de una cosa, sino detrás de
una Persona […]. Nosotros no queremos meramente
santidad. Queremos al Santo en quien somos con-
siderados santos y en quien estamos ahora siendo
hechos santos. Correr en pos de la santidad es otra
forma de correr arduamente en pos de Dios».[8]

Nuestra unión con Jesús es irreversible y no admite progreso porque está completa. Sin embargo, en virtud de esa
unión, ahora disfrutamos de comunión con Él, aunque
esa relación sí puede verse afectada por nuestros pecados y
nuestra falta de diligencia. Nuevamente Hedges nos ayuda a
entenderlo con una excelente ilustración:

«Es como el matrimonio: tú no puedes estar más o menos
casado (unión), pero sí puedes tener un matrimonio más

---

[7] Brian E. Hedges, *op. cit.*, pág. 106 (énfasis añadido).
[8] Kevin De Young, *op. cit.*, pág. 123.

fuerte o más débil (comunión). Nuestra relación con Cristo también puede ser más profunda cuando hacemos uso de los medios de gracia divinamente señalados».[9]

En la medida en que crecemos en nuestra comunión con el Señor Jesucristo, en esa misma medida crecemos en santidad.

Hablando en un lenguaje más práctico, debemos perseverar en la comunión con Cristo a través de:

La oración (Col. 4:2; 1 Tes. 5:17).
La Palabra (Juan 14:21-23; 15:7).[10]
La comunión con el pueblo de Dios (Hech. 2:42; Heb. 10:24-25; 1 Jn. 1:3).
La participación de la Cena del Señor (1 Cor. 10:16).

La santificación progresiva y nuestro deleite y admiración por la gloria de Cristo

La meta de la santificación es llegar a ser como Cristo (Rom. 8:28-29; 2 Cor. 3:18; Gál. 4:19; Ef. 4:13-15; Fil. 3:10,

---

[9] Brian E. Hedges, *op. cit.*, pág. 124.
[10] Debemos notar que permanecer en Cristo y permanecer en la Palabra son presentados como sinónimos en este último texto.

20-21; 1 Jn. 3:2-3). Esa es la razón por la que todo creyente tiene el deber de imitarlo conscientemente (1 Cor. 11:1; Ef. 5:1-2; Fil. 2:5-11). Pero surge la pregunta: ¿cómo avanza ese proceso? Pablo responde esta pregunta en este extenso pasaje de su segunda carta a los corintios, y que haríamos bien en leer detenidamente:

«Así que, teniendo tal esperanza, usamos de mucha franqueza; y no como Moisés, que ponía un velo sobre su rostro, para que los hijos de Israel no fijaran la vista en el fin de aquello que había de ser abolido. Pero el entendimiento de ellos se embotó; porque hasta el día de hoy, cuando leen el antiguo pacto, les queda el mismo velo no descubierto, el cual por Cristo es quitado. Y aun hasta el día de hoy, cuando se lee a Moisés, el velo está puesto sobre el corazón de ellos. Pero cuando se conviertan al Señor, el velo se quitará.

Porque el Señor es el Espíritu; y donde está el Espíritu del Señor, allí hay libertad. Por tanto, nosotros todos, mirando a cara descubierta como en un espejo la gloria del Señor, somos transformados de gloria en gloria en la misma imagen, como por el Espíritu del Señor.

Por lo cual, teniendo nosotros este ministerio según la misericordia que hemos recibido, no desmayamos. Antes bien renunciamos a lo oculto y vergonzoso, no andando con astucia, ni adulterando la palabra de Dios, sino por la manifestación de la verdad recomendándonos a toda conciencia humana delante de Dios.

Pero si nuestro evangelio está aún encubierto, entre los que se pierden está encubierto; en los cuales el dios de este siglo cegó el entendimiento de los incrédulos, para que no les resplandezca la luz del evangelio de la gloria de Cristo, el cual es la imagen de Dios. Porque no nos predicamos a nosotros mismos, sino a Jesucristo como Señor, y a nosotros como vuestros siervos por amor de Jesús. Porque Dios, que mandó que de las tinieblas resplandeciese la luz, es el que resplandeció en nuestros corazones, para iluminación del conocimiento de la gloria de Dios en la faz de Jesucristo». (2 Cor 3:12-4:6)

Pablo se vale de un episodio muy conocido en la historia de Israel. Cuando Moisés descendió del Monte Sinaí con las tablas de la ley, su piel resplandecía al haber estado expuesto al brillo de la gloria de Dios (Ex. 34:29). Así que tan pronto Moisés terminaba de transmitir al pueblo las palabras que el Señor le había dicho, se ponía un velo en la cara, porque los hijos de Israel no soportaban ver su brillo, por cuanto no era más que un reflejo de la gloria de Dios. Estos hombres y mujeres israelitas sabían perfectamente que sus vidas estaban muy lejos de conformarse a ese estándar que Moisés les estaba transmitiendo de parte de Dios. Ellos podían percibir que estaban completamente perdidos si eran juzgados con base a esa ley.

Así que lo que los llenaba de temor no era el brillo del rostro de Moisés en sí mismo, sino saber que estaban delante de un Dios lleno de gloria y majestad contra el cual habían pecado. No debemos olvidar que este incidente ocurrió inmediatamente después de que los hijos de Israel hicieran un becerro de oro para adorarlo (Ex. 32). Sus conciencias culpables no les permitían ver el brillo de esa gloria sin llenarse de espanto y temor. Es por eso que Pablo compara el velo en el rostro de Moisés con el velo espiritual que los incrédulos tienen en su corazón y que no les permite ver la gloria de Jesucristo tal como aparece revelada en las Escrituras (2 Cor. 3). El trozo de tela que usaba Moisés en la cara vino a ser una representación de la obstinación del pueblo de Israel. Ellos no querían ver esa gloria, no porque fuera de mal aspecto y desagradable, sino porque sus corazones estaban endurecidos. En otras palabras, ellos no podían ver la gloria de Dios porque no querían verla.[11]

Los judíos que leen y estudian el Antiguo Testamento también son incapaces de ver en sus páginas la gloria del Señor.[12] Pero Pablo sabía que aun así hay esperanza para el

---

[11] Comp. Juan 3:19-20.
[12] Comp. 2 Cor. 3:14-15.

pecador, porque él mismo estuvo una vez en esa condición. El apóstol era uno de esos judíos que leía la Escritura y no podía ver la gloria de Cristo debido al velo que tenía en su entendimiento. Pero todo cambió cuando el mismo Cristo se encontró con él camino a Damasco e iluminó su corazón con el brillo de Su gloria. Con el corazón lleno de una rabia asesina contra los creyentes, Pablo estaba determinado a extender hasta Damasco su persecución contra ellos, pero...

«... repentinamente le rodeó un resplandor de luz del cielo; y cayendo en tierra, oyó una voz que le decía: Saulo, Saulo, ¿por qué me persigues? Él dijo: ¿Quién eres, Señor? Y le dijo: Yo soy Jesús, a quien tú persigues; dura cosa te es dar coces contra el aguijón». (Hech. 9:3-5)

Pablo tuvo una visión de la gloria de Cristo y su vida cambió por completo. No solo cesó de perseguir a los cristianos, sino que dedicó su vida a proclamar ese mensaje del evangelio que antes aborrecía. Aunque esa experiencia como tal es irrepetible, eso es exactamente lo mismo que ocurre cada vez que una persona se convierte: el velo de su corazón es quitado por medio de la predicación del evangelio para que pueda ver la gloria de Cristo que allí se revela.[13] Pablo estaba persuadido de la obra cegadora de Satanás en los incrédulos «para que no les resplandezca la luz del evangelio de la

---

[13] Comp. 2 Cor. 3:14-16.

gloria de Cristo, el cual es la imagen de Dios»; pero aun así continuaba predicando, persuadido también de que:

«... Dios, que mandó que de las tinieblas resplandeciese la luz, es el que resplandeció en nuestros corazones, para iluminación del conocimiento de la gloria de Dios en la faz de Jesucristo». (2 Cor. 4:6)

Cuando el evangelio es predicado y el Señor dice en el corazón del pecador: «¡Sea la luz!», de repente comienza a ver lo que nunca antes había visto, que...

Nuestro Señor Jesucristo posee una gloria incomparable que opaca completamente el brillo de cualquier otra cosa de este mundo.

Así se inicia un proceso de transformación que continuará avanzando exactamente tal como empezó al contemplar la gloria de Cristo.

«Por tanto, nosotros todos, mirando a cara descubierta como en un espejo la gloria del Señor, somos transformados de gloria en gloria en la misma imagen, como por el Espíritu del Señor». (2 Cor. 3:18)

Contemplando es que somos transformados. Mientras contemplamos Su gloria, el Espíritu Santo que mora en nosotros y cuya obra principal es glorificar a Cristo,[14] continúa abriendo nuestro entendimiento para que veamos más de esa gloria, de modo que nuestra admiración por Él siga creciendo y de esa manera continuemos siendo transformados.

«Así como el rostro de Moisés fue transformado cuando vio la gloria del Señor en el Monte Sinaí (Ex. 34:29; comp. 2 Cor. 3:7), así nosotros seremos transformados cuando, por el Espíritu, contemplemos la gloria de Dios en la faz de Cristo».[15]

Al inicio de este libro establecimos el principio de que nos convertimos en lo que adoramos. Nuestros primeros padres echaron por tierra el propósito divino de que la raza humana funcionara como sus imágenes vivientes en el mundo al cambiar el foco de su adoración en el jardín de Edén. La idolatría produce en el ser humano una imagen desfigurada de Dios. La solución divina es volver a convertirnos en los adoradores que debíamos haber sido desde el principio, transformando nuestros corazones y abriendo nuestros ojos para que Jesucristo, la encarnación de Su imagen, venga a ser nuestro objeto de suprema admiración y deleite.

---

[14]Comp. Juan 16:14.
[15]Kevin De Young, *op. cit.*, pág. 82.

John MacArthur lo explica de este modo en el prólogo del excelente libro de Rick Holland, *Uneclipsing the Son*:

«En la medida en que los creyentes vislumbran la gloria de su Señor –contemplando la majestad de Su persona y de Su obra en una forma clara, duradera y profunda– se produce verdadera santificación cuando el Espíritu toma al creyente, cuyo corazón está fijo en Cristo, y lo eleva de un nivel a otro de gloria. Esta es la siempre creciente realidad de la santificación progresiva; esta ocurre no porque los creyentes la anhelen, la deseen o trabajen para ella en su propia energía, sino porque la gloria de Cristo captura sus corazones y mentes. Somos transformados por esa gloria, y mientras más claramente la veamos comenzaremos a reflejarla más y más brillantemente».[16]

Sin embargo, ese proceso no será sin lucha, no solo por el pecado que mora en nosotros, sino también por dos enemigos mortales que buscan entorpecer nuestro progreso en santidad: el legalismo y el libertinaje, que veremos en el siguiente capítulo.

---

[16]Rick Holland, *Uneclipsing the Son* (The Woodlands, TX, Kress Biblical Resources, 2011), pág. x.

Capítulo 10

¡Cuidado, peligro!

Como veíamos en el capítulo anterior, el propósito de Dios para Su pueblo es hacerlo cada vez más semejante al Señor Jesucristo (Rom. 8:28-29; 1 Jn. 3:2). Por el contrario, el de Satanás es tratar de impedir ese proceso de transformación. Por eso ciega el entendimiento de los incrédulos «para que no les resplandezca la luz del evangelio de la gloria de Cristo, el cual es la imagen de Dios» (2 Cor. 4:4).

Dios quiere darnos la bendición de que seamos como Jesús, mientras que Satanás está empeñado en impedir a toda costa ese proceso. Para hacerlo usa las mismas armas con las que atacó a nuestros primeros padres en el huerto de Edén: la idolatría, el legalismo y el libertinaje.

El peligro de la idolatría

Hace unos años mi esposa y yo tuvimos la oportunidad de visitar las ruinas de la ciudad de Éfeso. Una de las cosas que todavía se puede ver en las ruinas arqueológicas de las calles de la ciudad es una enorme cantidad de ídolos. Aunque muchos turistas vean esas estatuas y símbolos como logros artísticos, en los días de Pablo no eran simples obras de arte. Los paganos adoraban esos ídolos, les rendían tributos, celebraban rituales en su honor y confiaban en ellos.

Cuando caminamos por esas calles de Éfeso con esa perspectiva en mente, nos dimos cuenta de que, detrás de esas ruinas de piedra, estábamos contemplando en realidad un testimonio de la ruina humana. ¿Cómo es posible que una persona racional pueda llegar a creer que una estatua de mármol, hecha con sus propias manos, pueda ser digna de su adoración y de su confianza?

Sin embargo, por absurda que nos parezca la idolatría, el ser humano es idólatra por naturaleza, una fábrica de ídolos, como decía Calvino. Todos nosotros fuimos creados para adorar. Si no adoramos al Dios vivo y verdadero, inevitablemente buscaremos sustitutos. Chesterton, el periodista y escritor inglés, decía: «Cuando dejamos de adorar a Dios, no nos quedamos sin adorar nada. Comenzamos a adorar cualquier cosa». Por eso la advertencia del apóstol Juan al concluir su primera carta, escrita a un grupo de creyentes del primer siglo, que vivía precisamente en la ciudad de Éfeso:

«Hijitos, guardaos de los ídolos». (1 Jn. 5:21)

Pablo también mostró la misma preocupación al escribirle a los creyentes en Corinto sobre lo que cosechó el pueblo de Israel en el desierto por causa de la dureza de su corazón:

«Pero de los más de ellos no se agradó Dios; por lo cual quedaron postrados en el desierto. Mas estas cosas sucedieron como ejemplos para nosotros, para que no codiciemos cosas malas, como ellos codiciaron. *Ni seáis idólatras, como algunos de ellos*, según está escrito: Se sentó el pueblo a comer y a beber, y se levantó a jugar». (1 Cor. 10:5-7, énfasis añadido)

Tanto Juan como Pablo eran conscientes del enorme peligro de la idolatría en la vida del creyente. Muchos cristianos tienen una definición muy reducida de la idolatría, por lo que pierden por completo el foco de nuestra lucha por hacer morir las obras de la carne y correr en pos de la santidad.

Brad Bigney define un ídolo como «cualquier cosa o persona que apresa nuestros corazones, mentes y afectos más que Dios».[1] Puede que se trate de algo bueno en sí mismo, pero ya se ha convertido en un ídolo si lo deseamos más que a Dios. El problema no está en desear cosas, sino en hacer de ese deseo el aspecto central de nuestros pensamientos y de nuestra confianza, hasta el punto en que nos causa irritación,

---

[1] Brad Bigney, *La traición al evangelio: Cómo se traiciona al evangelio con la idolatría* (Phillipsburg, NJ, P&R Publishing, 2022), pág. 23.

descontento o ansiedad cuando no tenemos «eso» que tanto deseamos. Martin Lutero lo define de forma similar con estas palabras:

> «Un dios es cualquier cosa en la que nosotros esperamos para que nos provea todo el bien y en quien nos refugiamos en medio de toda dificultad [...]. Todo aquello en lo que pongas tu corazón y en lo que pongas tu confianza [...] ese [...] es tu verdadero dios».[2]

El Señor Jesucristo también nos advierte con palabras muy claras:

> «Porque dónde esté vuestro tesoro, allí estará también vuestro corazón [...]. Ninguno puede servir a dos señores; porque o aborrecerá al uno y amará al otro, o estimará al uno y menospreciará al otro. No podéis servir a Dios y a las riquezas». (Mat. 6:21, 24)

La enseñanza de nuestro Señor es muy sencilla; pero también muy pertinente porque todos nosotros vamos detrás de lo que nuestro corazón desea más. Si deseamos a Dios y Su gloria, entonces Él será nuestro Amo y nosotros seremos Sus

---

[2]Citado por Tim Chester; *You Can Change* (Wheaton, IL, Crossway, 2010), pág. 100.

siervos. Pero si tenemos un deseo mayor por cosas como el dinero, la fama o el placer, entonces esas cosas serán nuestros amos. Esa es la mejor explicación para que podamos entender qué es la idolatría aun para nuestros días y el peligro que representa para nuestras propias vidas. No es nada nuevo porque ese fue el proceso a través del cual se introdujo el pecado en el mundo:

> «Cuando la mujer vio que el árbol era *bueno* para comer, y que era *agradable* a los ojos, y que el árbol era *deseable* para alcanzar sabiduría, tomó de su fruto y comió; y dio también a su marido que estaba con ella, y él comió». (Gén. 3:6, LBLA)

Esos tres elementos manifestados en Eva entran en juego cada vez que hacemos una elección: Lo que nos parece más *bueno*, más *agradable* y *deseable*. Al ser tentada, Eva pensó que el árbol prohibido podía darle más de lo que le ofrecía Dios. Tal como ocurrió con el primer pecado que se cometió en la historia humana, así ha sido con todos los pecados que se han cometido desde entonces.[3]

Quizá ahora podemos entender la razón por la que no podemos simplemente cambiar al tratar de modificar nuestra conducta. Chester lo enfatiza al decir lo siguiente: «Nosotros necesitamos que Dios nos transforme, renovando nuestro

---

[3] Comp. Sant. 1:14-15.

corazón y dándonos nuevos deseos».[4] Es necesario aclarar que no estamos simplemente condenando nuestros deseos o anhelos. El problema no radica en que los tengamos, porque son parte inherente de nuestra realidad como seres humanos. El problema surge cuando comenzamos a desear otras cosas con mayor intensidad de lo que deseamos a Dios. Sí, es posible que se trate de cosas buenas en sí mismas; pero cuando el deseo por esas cosas buenas llegar a ser más importante que Dios para nosotros, ya se ha convertido en un deseo pecaminoso y en un ídolo.

Una de las razones por las que esos deseos pueden llegar a ser tan engañosos es porque no los vemos como lo que son: idolatría; en ocasiones nos convencemos a nosotros mismos de que se trata más bien de «necesidades». No decimos: «Yo estoy codiciando el hecho de ser amado»; sino más bien: «Yo necesito ser amado». Tomamos un buen deseo (el deseo de ser amado), lo convertimos en un ídolo y lo llamamos «necesidad». Ese deseo se desordena y Dios y Su gloria son desplazados del centro de nuestras vidas, ponemos el «yo» en Su lugar y luego vamos por la vida adorando por encima de Dios a cualquier persona que nos muestre su afecto y su atención. Sin embargo, Dios nunca se ha quedado tranquilo ante la realidad de la idolatría. Él nos ama tanto que buscará la manera de destruir nuestros ídolos. Tim Chester dice al respecto:

---

[4]Tim Chester, *op. cit.*, pág. 102.

«Dios promete suplir nuestras verdaderas necesidades, pero no podemos esperar que Él supla nuestros deseos egoístas. Él no es un camarero divino, listo para servirnos lo que nosotros queremos. Dios no es la clave para la buena vida (como sea que nosotros escojamos definirla). Él define la buena vida. Él es la buena vida. Dios debe ser deseado por Sí mismo, no como el proveedor del éxito mundano».[5]

¿Qué debemos hacer para luchar eficazmente contra la idolatría de nuestros corazones? Debemos darle la espalda a nuestros ídolos, abrazar la verdad de que nuestro deleite es Dios en Cristo y que nuestro Señor es digno de ser amado y servido sobre cualquier cosa de este mundo. En otras palabras, debemos arrepentirnos y creer. Esta no es una batalla de una sola vez en la vida, sino que constantemente tenemos que volvernos de nuestros ídolos a Dios, tal como hicimos al principio de nuestra conversión (1 Tes. 1:9). Actuar en consonancia con la verdad bíblica y el orden divino, en donde lo más importante en la vida es la gloria de Dios y no nosotros (nuestros placeres, éxitos, problemas o necesidades). No se trata de nuestra historia, no somos los protagonistas, sino que es la historia de Dios y Su gloria. Nosotros somos personajes muy secundarios.

---

[5] *Ibid.*, pág. 105.

Pablo les dijo a los cristianos en Colosas que Dios el Padre planificó todas las cosas de tal manera que Su Hijo tenga la preeminencia en todo (Col. 1:19). Jesucristo es el centro, a Él nos sometemos y es Su gloria la que debemos contemplar y en la que debemos deleitarnos aquí y ahora. Es Su gloria la que contemplaremos extasiados cuando estemos en Su presencia por los siglos de los siglos (Apoc. 21:23).

El peligro del legalismo

Este es otro de los obstáculos que impiden el progreso espiritual del creyente. ¿Qué es el legalismo? Consiste en tratar de ganar el favor de Dios a través de nuestra obediencia, ya sea a los mandamientos de Dios o a cualquier otro código de conducta de invención humana. El punto clave del legalismo es que no descansa en la obra de Cristo para ser aceptados por Dios o para ser bendecidos por Él, sino en la propia conformidad humana a un estándar de conducta establecido previamente. Mientras el evangelio nos mueve a la obediencia por el hecho de haber sido aceptados por Dios por pura gracia, el legalismo nos dice que la obediencia es la base de nuestra aceptación divina.

A diferencia del evangelio, que afirma que la aceptación viene primero y la obediencia después, el legalismo presenta la obediencia primero para llegar a ser aceptados. Es precisamente por eso que el legalismo puede ser tan atractivo para muchas personas, porque apela al orgullo humano; creer que conseguimos el favor de Dios por medio de nuestros logros nos lleva a pensar: «Yo tengo más méritos que otros, porque me estoy esforzando más».[6]

Todo verdadero creyente ha sido librado inicialmente de la justicia propia que subyace bajo el legalismo, porque de lo contrario no habría venido a Cristo en arrepentimiento y fe. Sin embargo, aun así, el pecado remanente seguirá tratando de moverlo hacia el orgullo de pensar que puede llegar a ser merecedor del favor de Dios a través de su propio desempeño.

Usaré un ejemplo tomado del lenguaje cibernético para explicar a qué me refiero en el párrafo anterior: al convertirnos al Señor Jesucristo por medio del evangelio se instala en nuestros corazones el «sistema operativo» de la gracia de Dios. En ese momento entendemos que la salvación no depende de nosotros, sino de la obra de redención que nuestro Señor Jesucristo llevó a cabo en la cruz del Calvario hace 2000 años. El problema es que el pecado todavía permanece en nosotros como una especie de «virus» que ataca el sistema operativo de la gracia para llevarnos otra vez al «sistema operativo» de las obras.[7] La gloria del Salvador es opacada cuando eso ocurre y nuestra santificación progresiva es obstaculizada. Jerry Bridges dice al respecto:

---

[6] Comp. Luc. 18:11-12.
[7] Comp. Gál. 3:1-5

«[En la medida en que sintamos que estamos en una relación legal o de desempeño con Dios], en esa misma medida se bloquea nuestro progreso en la santificación. Pensar en términos legales le da al pecado que mora en nosotros una ventaja, pues nada corta tanto los nervios del deseo de buscar la santidad como el sentido de culpa. Por el contrario, nada nos motiva tanto para tratar con el pecado en nosotros como entender y aplicar las dos verdades de que nuestros pecados son perdonados y que el dominio del pecado está roto debido a nuestra unión con Cristo».[8]

Luego Bridges cita a Robert Haldane en su comentario sobre Romanos, que en un tono similar escribe:

«Ningún pecado puede ser crucificado ni en el corazón ni en la vida, a menos que sea primero perdonado en la conciencia. Porque habrá un anhelo de fe para recibir la fortaleza de Jesús, el único por quien el pecado puede ser crucificado. Si [el pecado] no es mortificado en su culpa, no puede ser subyugado en su poder».[9]

---

[8] Jerry Bridges, *La disciplina de la gracia* (Bogotá, Colombia, Editorial CLC, 2001), pág. 115.
[9] *Ibid.*

Ahora bien, muchos tienden a pensar que lo contrario a un legalista es un liberal o un mundano. De manera que, cuando predicamos en contra de uno de estos extremos, ellos presuponen que debemos estar en el otro extremo. Sin embargo, es interesante notar que, en la parábola del hijo pródigo, los dos hermanos representaban esos dos extremos y los dos estaban igualmente perdidos (Luc. 15). Lo que debemos tener en claro es que esas no son las únicas dos opciones existentes. Si queremos darle un golpe mortal al legalismo, el evangelio es el arma que debemos usar, no el liberalismo.

Algunos creyentes suelen sentir temor cuando se habla demasiado sobre la gracia en las iglesias, por el temor a que se abuse de ella. Así que la mejor manera de mantener a los cristianos caminando por la senda estrecha es no hablar tanto de la gracia y la libertad que ahora tenemos en Cristo. Ese tipo de reflexión me hace pensar en Juan Bunyan, que fue procesado por predicar sin una licencia de la iglesia oficial y se le dijo que no podía «ir por ahí diciéndole a la gente que la justicia de Cristo les ha sido acreditada completamente. Si ellos creyeran eso, van a sentir que pueden hacer lo que quieran». Bunyan les respondió con una inmensa sabiduría: «Si las personas realmente se percataran de que la justicia de Cristo les ha sido otorgada enteramente como un regalo, ellos harían cualquier cosa que Él quisiera».[10]

---

[10]Citado por J. D. Greear; *Gospel: Recovering the Power that Made Christianity* (Nashville, TN, B&H Publishing Group, 2011), pág. 100.

Si queremos avanzar realmente en nuestra vida cristiana, debemos recordarnos continuamente que, así como no fueron nuestros méritos pasados los que movieron a Dios a salvarnos, porque no teníamos ninguno, así tampoco son nuestros méritos presentes los que mueven a Dios a preservarnos y a bendecirnos. Sigue siendo por Su sola gracia. La moneda humana de las buenas obras no circula en el cielo, sino únicamente la que está respaldada por los méritos y la obra de Jesús (Fil. 3:7-9). Ningún comportamiento será lo suficientemente bueno como para lograr que merezca el favor de Dios. Es solo por absoluta gracia de principio a fin (1 Cor. 1:30-31; 4:7).

El peligro del antinomianismo

Existe otro problema que debemos considerar con cuidado. Ya que somos salvos por la gracia de Dios en Cristo, muchos se preguntan ¿cuál es el papel que juega la ley moral de Dios en la vida del cristiano? Algunos responden esta pregunta afirmando que, con la llegada del Señor Jesucristo, un cambio trascendental fue introducido en el gobierno de Dios sobre la humanidad. Ellos nos dicen que la ley de Dios ya no tiene relevancia alguna para el creyente hoy. A esta postura se la conoce como «antinomianismo».[11] El antinomianismo

---

[11] De «*anti*» que significa «en contra de» y «*nomos*» que significa «ley».

afirma que los mandamientos de Dios ya no son relevantes para el cristiano; según los antinomianos, los cristianos no tienen que prestar atención a los mandamientos porque Dios no presta atención al pecado de los que han sido justificados.

Antes de pasar a responder directamente al reto planteado por el antinomianismo, es importante que observemos una vez más el evangelio en relación con la ley de Dios, ya que la cruz sin la ley queda vacía de todo significado. Ernest Reisenger lo explica de este modo:

> «El mensaje primordial de la cruz no es: "Dios te ama", sino más bien "la ley de Dios ha sido quebrantada". Contemplar la cruz sin la ley es como tratar de armar un rompecabezas en el aire. Sin una base que conecte las piezas, nunca se podrá formar una imagen clara de la gracia de Dios. Sí, el espíritu de la cruz es amor eterno, pero la base de la cruz es justicia eterna. Predicar y enseñar la ley protegerá el evangelio y el cristianismo del sentimentalismo, del emocionalismo y de una supersticiosa perversión de la cruz».[12]

Podemos darnos cuenta de cómo la ley moral de Dios se encuentra íntimamente ligada al evangelio al ser el instrumento usado por Dios para revelar al pecador su condición

---

[12] Ernest Reisenger, *The Law and the Gospel* (Philipsburg, NJ, P&R, 1997), pág. 158.

pecaminosa (Rom. 3:19-20). Es en ese sentido que Pablo afirma: «La ley ha sido nuestro ayo, para llevarnos a Cristo, a fin de que fuésemos justificados por la fe» (Gál. 3:24). Nunca Dios tuvo la intención de justificar al pecador por guardar la ley. El que justifica es Cristo, por medio de la fe. Pero la ley es el ayo[13] que nos lleva de la mano a Cristo al mostrarnos nuestro pecado y nuestra total impotencia para poder vivir a la altura de las demandas de la ley en nuestras propias fuerzas.

Pero ¿qué ocurre con la ley cuando el pecador viene a Cristo con arrepentimiento y fe? ¿Acaso la ley deja de ser relevante para su vida a partir de ese momento? De ninguna manera. La ley moral de Dios no sirve únicamente para mostrar nuestra condición pecaminosa, sino también para mostrarnos la naturaleza de la voluntad de Dios y cuál es la norma de vida que Dios quiere que nosotros sigamos. Si somos salvos debemos vivir en santidad; y vivir así no es otra cosa que conformar nuestras vidas a los mandamientos de Dios, no para ganarnos Su favor, sino porque ya hemos sido favorecidos por Él de pura gracia.[14] Kevin De Young está muy acertado al afirmar:

«Suena realmente espiritual decir que Dios está interesado en una relación, no en reglas. Pero esto no es bíblico. De principio a fin la Biblia está llena de

---

[13] «Ayo» también se traduce como «guía» (NBLA); «tutora» (NTV); «guía encargado» (NVI).

[14] Comp. Rom. 13:8-10.

mandamientos. Estos no están destinados a sofocar la relación con Dios, sino a protegerla, sellarla y definirla. Nunca lo olvides: Dios primero libertó a los israelitas de Egipto y entonces les dio la ley. El pueblo de Dios no fue redimido por observar la ley, pero fue redimido para que pudiera obedecer la ley».[15]

El apóstol Juan es bien claro al respecto en su primera carta: «Y en esto sabemos que nosotros le conocemos, si guardamos sus mandamientos. El que dice: Yo le conozco, y no guarda sus mandamientos, el tal es mentiroso, y la verdad no está en él» (1 Jn. 2:3-4). De Young ilustra esto con el matrimonio:

«Si amas a tu esposa, guardarás tu voto de ser fiel a ella mientras ambos estén vivos. La demanda de la fidelidad sexual no pervierte la relación matrimonial; la promueve y la manifiesta. De la misma manera, los mandamientos de Dios son dados como medios de gracia para que podamos crecer en piedad y mostrar que le amamos a Él».[16]

En ningún lugar de la Biblia se nos presenta al amor como una alternativa, como un sustituto para la obediencia ni tampoco como una fuerza autónoma que tiene en sí misma la

---

[15] Kevin De Young, *The Hole in our Holiness* (Wheaton, IL, Crossway, 2012), pág. 45.
[16] *Ibid.*

capacidad de definir cuál es el estándar de conducta que debemos seguir. El amor es más bien el combustible que nos mueve a obedecer.[17]

¿Qué significa amar a Dios en términos prácticos? Significa tenerlo a Él como nuestro único Dios, adorarlo como Él lo ha prescrito en Su Palabra y reverenciar Su nombre y Su día de adoración. En otras palabras, cumplir la primera tabla de la ley. ¿Qué ocurre con el amor al prójimo? ¿Cómo puedo yo amar al prójimo como a mí mismo de una forma práctica? Nunca será al violar en perjuicio suyo ninguno de los mandamientos contenidos en la segunda tabla de la ley. Pablo dijo: «El amor no hace mal al prójimo» (Rom. 13:10). De manera que la ley tiene como motivo al amor y la ley es la definición del amor.

Por otra parte, si bien es cierto que, «Dios no nos ama porque nosotros le obedecemos […], no podemos conocer las bendiciones de Su amor sin obediencia»;[18] de manera que no debemos tomar la gracia como excusa para desalentar al creyente en su búsqueda de la santidad y su determinación de obedecer los mandamientos de Dios. Eso sería echar por tierra la gracia. «La verdadera gracia produce gozo y promueve la piedad».[19] Pablo le dice a Tito:

---

[17]Comp. Mat. 22:35-40; Juan 14:21, 23-24; el mensaje de Cristo no es: «Si me amas, haz lo que te plazca», sino más bien: «Si me amas, guarda mis mandamientos» (Juan 15:10, 12, 14; 1 Jn. 5:3).

[18]Bryan Chapell, *Holiness by Grace* (Wheaton, IL, Crossway, 2001), pág. 12.

[19]*Ibid.*, pág. 13.

«Porque la gracia de Dios se ha manifestado para salvación a todos los hombres, enseñándonos que, renunciando a la impiedad y a los deseos mundanos, vivamos en este siglo sobria, justa y piadosamente, aguardando la esperanza bienaventurada y la manifestación gloriosa de nuestro gran Dios y Salvador Jesucristo, quien se dio a sí mismo por nosotros para redimirnos de toda iniquidad y purificar para sí un pueblo propio, celoso de buenas obras». (Tit. 2:11-14)

Es necesario hacer una advertencia antes de concluir este capítulo. Es probable que muchas personas que pasaron muchos años bajo un ministerio que promueve el legalismo y lograron salir de ese yugo, comiencen a mirar con recelo toda predicación que enfatice la obediencia del creyente a los mandamientos de Dios.

Consideremos la parábola del hijo pródigo. El hermano menor decide irse de casa y se entrega por completo a una vida de libertinaje. Tan pronto vuelve en sí, comienza a planificar cómo puede ganarse de vuelta el favor de su padre a través de buenas obras: «Me levantaré e iré a mi padre, y le diré: Padre, he pecado contra el cielo y contra ti. Ya no soy digno de ser llamado tu hijo; *hazme como a uno de tus jornaleros*» (Luc. 15:18-19, énfasis añadido). De ser un libertino, ahora pasó a ser un legalista. Estaba dispuesto a convertirse en «esclavo» de su padre para alcanzar de nuevo su favor.

El hermano mayor, por su parte, pasó por un proceso a la inversa. Durante años sirvió a su padre con un corazón legalista. Pero se llenó de resentimiento al ver que no le dio resultado y comenzó a faltarle el respeto a su padre y a desobedecerlo. En cierto modo, pasó del legalismo al antinomianismo.

Una de las enseñanzas que podemos extraer de esta historia es que no podemos tratar de curar el legalismo con una dosis de antinomianismo, así como tampoco podemos tratar de curar el antinomianismo con una dosis de legalismo. A fin de cuentas, el legalismo y el antinomianismo no son tan opuestos entre sí como puede parecer a simple vista. De hecho, son más «mellizos que salen del mismo vientre»,[20] como observa Sinclair Ferguson con agudeza. Cuando Satanás tentó a Eva en el huerto, no solo puso en duda la Palabra de Dios, sino también Su carácter bondadoso: «¿Conque Dios ha dicho: No comeréis *de ningún árbol* del huerto?» (Gén. 3:1, énfasis añadido).

Satanás quería que Eva centrara su atención en ese único árbol prohibido, de tal manera que todos los demás desaparecieran de su vista. Cuando ella dejó de ver el bosque, también perdió de vista la bondad de Dios y la intención detrás del

---

[20] Sinclair Ferguson, *El Cristo completo* (Antioquia, Colombia, Poiema Publicaciones, 2019), pág. 84.

mandamiento. Debemos resaltar que Dios no les dio ninguna explicación de por qué no debían comer de ese árbol. No era porque su fruto fuera venenoso o porque el árbol era feo. Ellos no sabían en ese momento qué mal podría ocurrir si comían de ese fruto. Por lo tanto, este mandamiento era un llamado a obedecer a Dios como un acto de amor y obediencia. Ellos debían confiar en Dios por quien Él es en Sí mismo. Si Adán y Eva obedecían, entonces fortalecerían esa relación de amor y confianza que Dios quería tener con ellos. Pero el diablo logró desconectar el mandamiento de la bondad de Dios. Fue esa idea distorsionada de Dios y de Su ley la que produjo el legalismo, lo mismo que el antinomianismo. Como bien señala Ferguson:

> «Lo que fue inyectado en la mente y los afectos de Eva durante la conversación con la serpiente fue una profunda sospecha de Dios, que pronto se torció aún más hasta convertirse en rebelión contra Él».[21]

Luego añade:

> «El legalismo consiste simplemente en separar la ley de Dios de la persona de Dios. Eva ve la ley de Dios, pero ha perdido de vista a Dios mismo. En consecuencia, al separar Su ley de Su amor y generosidad, fue

---

[21] *Ibid.*, pág. 82.

engañada y terminó "escuchando" la ley solo como una privación negativa y no como la sabiduría del Padre celestial. Esta es la distorsión, la "mentira acerca de Dios", que ha entrado en el torrente sanguíneo de la raza humana».[22]

El único remedio eficaz para ambos males es el evangelio de la gloria de Cristo, porque es allí donde brilla el incomprensible amor del Padre en toda su intensidad, quien no solo entregó a Su Hijo para que muriera en nuestro lugar, sino que luego nos dio Su Espíritu para que viniera a morar en nosotros, produciendo una nueva capacidad y motivación para la obediencia.

---

[22] *Ibid.*, pág. 83.

Capítulo 11

Responsabilidad
dependiente[1]

U no de los aspectos que debemos tomar en cuenta al
leer las Escrituras es que, en la «gramática del evangelio», los indicativos vienen primero y los imperativos después. En otras palabras, los hechos de nuestra redención en
Cristo anteceden a los mandamientos de Dios. Como bien
señala Sinclair Ferguson, las exhortaciones de las Escrituras
se encuentran enraizadas «en el rico suelo de la gracia».[2]

Un buen ejemplo lo encontramos en Romanos. Los primeros once capítulos de Romanos suman en total unos 315
versículos en los que Pablo explica con todo lujo de detalles
los hechos del evangelio (los indicativos). En esa sección solo
aparecen unas seis exhortaciones o mandatos. Pero a partir
del capítulo doce encontramos una exhortación tras otra

---

[1]Debo reconocer la ayuda enorme que fue para mí al desarrollar este
punto el libro de Jerry Bridges, *The Transforming Power of the Gospel* (Colorado Springs, CO, NavPress, 2012), sobre todo las páginas 105-107.

[2]Sinclair Ferguson, *Devoted to God* (Escocia, Reino Unido, Banner of
Truth, 2016), pág. 39.

sobre cómo vivir a la altura de nuestra nueva identidad en Cristo (los imperativos). Los imperativos sin los indicativos promueven el legalismo, mientras que los indicativos sin los imperativos promueven el libertinaje.

Por lo tanto, si bien es cierto que somos salvos por medio de la fe sola, esa fe por medio de la cual somos justificados nunca viene sola, sino acompañada de las obras que evidencian que se trata de una fe genuina. Pablo les escribe a los creyentes en Éfeso:

«Porque por gracia sois salvos por medio de la fe; y esto no de vosotros, pues es don de Dios; no por obras, para que nadie se gloríe». (Ef. 2:8-9)

Para añadir inmediatamente después:

«Porque somos hechura suya, creados en Cristo Jesús para buenas obras, las cuales Dios preparó de antemano para que anduviésemos en ellas». (Ef. 2:10)

El problema del legalista no radica en que insista en los mandamientos de Dios, sino en que pone el caballo detrás de la carreta. El mismo apóstol que afirma «que el hombre es justificado por fe sin las obras de la ley» (Rom. 3:28), nos exhorta una y otra vez a vivir en obediencia a los mandamientos de Dios:

«¿No sabéis que los que corren en el estadio, todos a la verdad corren, pero uno solo se lleva el premio? Corred de tal manera que lo obtengáis». (1 Cor. 9:24)

«Así que, amados, puesto que tenemos tales promesas, limpiémonos de toda contaminación de carne y de espíritu, perfeccionando la santidad en el temor de Dios». (2 Cor. 7:1)

«Absteneos de toda forma de mal». (1 Tes. 5:22, LBLA)

Es el creyente el que corre, el que se limpia y el que se abstiene. Tratar de obviar nuestra responsabilidad en la santificación progresiva sería negar la clara enseñanza del Nuevo Testamento. Pero ¿cómo podemos compaginar la obra de Dios en nosotros con nuestro obrar en lo que respecta a la santificación? Para plantearlo de otro modo: ¿de quién depende a fin de cuentas nuestro crecimiento en gracia, del Espíritu Santo o de nosotros?

El gimnasio de la piedad

El apóstol Pablo le escribe a Timoteo, su hijo en la fe: «Ejercítate para la piedad; porque el ejercicio corporal para poco es provechoso, pero la piedad para todo aprovecha, pues tiene promesa de esta vida presente, y de la venidera»

(1 Tim. 4:7-8). Este texto no deja ninguna duda en cuanto a nuestra responsabilidad en lo que respecta a nuestro crecimiento en gracia; nosotros, lo mismo que Timoteo, debemos ejercitarnos para la piedad. No se trata de una sugerencia ni un buen consejo, sino que es una orden. Hay algo que todos nosotros debemos hacer si queremos experimentar progreso en nuestra vida cristiana práctica. Pablo usa una muy buena ilustración para entender la importancia de nuestro esfuerzo personal. Así como un atleta no puede comenzar a entrenar dos semanas antes de la competencia y esperar tener un buen desempeño, así tampoco los creyentes podrán esperar un buen desempeño y crecimiento espiritual a menos que se ejerciten regularmente para la piedad.

Esta realidad nos lleva de vuelta a la pregunta que planteamos hace un momento, ¿cuál es la relación que existe entre nuestra responsabilidad en ejercitarnos para la piedad y la obra que hace Dios en nosotros para que podamos crecer espiritualmente? Como espero mostrar en el resto de este capítulo, no se trata de una cosa o la otra, sino de ambas cosas a la vez.

Algunos textos clave

«Si Jehová no edificare la casa, en vano trabajan los que la edifican; si Jehová no guardare la ciudad, en vano vela la guardia». (Sal. 127:1)

En este versículo observamos las dos actividades que entran en juego en nuestra vida espiritual:

— edificar un carácter cristiano;
— mantenernos velando por causa de las tentaciones.

Debemos edificar y también debemos velar. Ahora bien, David dice claramente que si no es Dios el que edifica la casa, el trabajo que hagamos será en vano. Lo mismo ocurrirá si Dios no es el que vela por la ciudad. Así que la edificación de la casa y el cuidado de la ciudad dependen finalmente de Dios, pero tengo que insistir en que eso no elimina nuestra responsabilidad de edificar y velar. Poniéndolo de otro modo: Dios es el que edifica y Dios es el que vela; pero no debemos perder de vista que nosotros no somos meros espectadores del proceso. Tenemos un trabajo que hacer, de lo contrario la casa no será edificada, ni la ciudad estará segura. Somos totalmente dependientes y responsables. Esa dinámica entre nuestra dependencia de Dios y nuestra responsabilidad se evidencia en muchos pasajes de las Escrituras como, por ejemplo:

«Hijo mío, si recibieres mis palabras, y mis mandamientos guardares dentro de ti, haciendo estar atento tu oído a la sabiduría; si inclinares tu corazón a la prudencia, si clamares a la inteligencia, y a la

prudencia dieres tu voz; si como a la plata la busca-
res, y la escudriñares como a tesoros, entonces enten-
derás el temor de Jehová, y hallarás el conocimiento
de Dios. Porque Jehová da la sabiduría, y de su boca
viene el conocimiento y la inteligencia». (Prov. 2:1-6)

Cuando el libro de Proverbios habla del temor del Señor
se refiere a una «profunda reverencia por Dios que produce
una vida que procura agradarle».[3] Los creyentes debemos ser
dominados por tal reverencia y asombro por causa de todo lo
que Él es y lo que ha hecho por nosotros de pura gracia, hasta
el punto de que eso nos mueva a querer vivir «agradándole
en todo, llevando fruto en toda buena obra» (Col. 1:10). Sin
esa clase de temor es imposible crecer en santidad. Es sobre
esa base que Pablo dice a los creyentes en Corinto:

«Así que, amados, puesto que tenemos tales promesas, limpiémonos de toda contaminación de carne y de espíritu, *perfeccionando la santidad en el temor de Dios*». (2 Corintios 7:1,
énfasis añadido)

Ahora bien, según este pasaje de Proverbios, para desarrollar ese temor se necesitan al menos tres cosas. En primer
lugar, se requiere un espíritu enseñable: «Hijo mío, si recibieres mis palabras, y mis mandamientos guardares dentro

---

[3] Jerry Bridges, *op. cit.*, pág. 108.

de ti» (v. 1). Salomón está invitando a su hijo a recibir su enseñanza; pero esa invitación solo será aceptada si el hijo cree que necesita ser enseñado. Por ejemplo, si un ingeniero es invitado a participar gratuitamente en un curso de matemáticas donde se impartirán lecciones básicas de aritmética, seguramente declinará la invitación, pero no por orgullo, sino porque no lo necesita en realidad. Pero esa misma lógica no se aplica a la vida cristiana y al estudio de las Escrituras. Nosotros permanecemos como discípulos del Señor por el resto de nuestras vidas. Hay muchas cosas en la Palabra de Dios que nosotros no entendemos como debiéramos entenderlas y hay muchas cosas que sí entendemos, pero que todavía no aplicamos como debiéramos aplicarlas. Necesitamos tener un espíritu enseñable permanentemente para conocer el temor del Señor. Pero eso no es suficiente.

En segundo lugar, Salomón nos dice también que debemos tener una actitud diligente cuando nos motiva a buscar esa clase de sabiduría, como se busca la plata y se escudriñan los tesoros.[4] Otro proverbio dice: «El alma del perezoso desea, y nada alcanza; más el alma de los diligentes será prosperada» (Prov. 13:4). El perezoso no ha perdido la capacidad de desear una mejor condición espiritual, pero no puede alcanzarla porque carece de diligencia.[5] El paquete de la salvación incluye un gimnasio y la motivación necesaria para

---

[4]Comp. Prov. 2:1-5.
[5]Comp. 2 Ped. 1:3-7.

poner todo empeño en tener un alma saludable, pero no servirá de nada si no lo usamos para ejercitarnos en la piedad.

En tercer lugar, también se requiere una actitud dependiente: «Si clamares a la inteligencia, y a la prudencia dieres tu voz» (Prov. 2:3). La figura que Salomón nos está presentando es la del individuo que está en medio de problemas y necesita urgentemente que alguien venga en su ayuda. El cristiano que es consciente de que todavía le falta mucho que aprender y mucho que poner en práctica en su vida cristiana, suplicará a la inteligencia, es decir, a nuestro Señor Jesucristo (Col. 2:3), para que venga a socorrerlo. Como ya lo he dicho, somos dependientes y al mismo tiempo somos responsables.

John Owen, el famoso teólogo puritano del siglo XVII, hablaba de la forma en que la gracia de Dios y nuestro deber trabajan juntos:

> «Algunos separan estas cosas como inconsistentes. Si la santidad es nuestro deber, entonces no hay lugar para la gracia; y si es un resultado de la gracia, entonces no hay lugar para el deber. Pero nuestro deber y la gracia de Dios no se oponen en absoluto en este asunto de la santificación [...]. Nosotros no podemos llevar a cabo nuestro deber sin (el poder capacitador de la gracia), ni Dios nos da Su gracia para otra cosa que no sea para que podamos llevar a cabo nuestro deber adecuadamente».[6]

---

[6] Jerry Bridges, *op. cit.*, pág. 113.

Pablo resume esta enseñanza de la responsabilidad dependiente en dos textos clave del Nuevo Testamento. El primero:

«Porque si vivís conforme a la carne, moriréis; mas si por el Espíritu hacéis morir las obras de la carne, viviréis». (Rom. 8:31)

Considera que la exhortación de Pablo no es: «Dejen que el Espíritu le de muerte al pecado». No. Es el creyente el que tiene la responsabilidad de darle muerte al pecado, que no es otra cosa que repudiarlo y resistirlo con determinación y desde el mismo momento en que percibimos su intención de seducirnos. Nosotros somos los verdugos que debemos llevar a cabo el fusilamiento del pecado. Eso es algo que nadie puede hacer por nosotros. Pero, al mismo tiempo, Pablo reconoce que es imposible hacerlo por nosotros, si es que no lo hacemos en dependencia del Espíritu Santo.

Es por la obra regeneradora y santificadora del Espíritu que fuimos libertados del poder del pecado. Es por la obra del Espíritu en nosotros que podemos darle muerte. Como dice John Stott, solo el Espíritu Santo «puede proporcionar el deseo, la determinación y la disciplina para rechazar el pecado».[7]

---

[7] John Stott, *Romanos* (Buenos Aires, Argentina, Certeza Unida, 2007), pág. 261.

El segundo pasaje se encuentra en Filipenses:

«Por tanto, amados míos, como siempre habéis obe-
decido, no como en mi presencia solamente, sino
mucho más ahora en mi ausencia, ocupaos en vuestra
salvación con temor y temblor, porque Dios es el que
en vosotros produce así el querer como el hacer, por
su buena voluntad». (Fil. 2:12-13)

¿Quién es el que produce en nosotros tanto el querer como
el hacer por Su buena voluntad?

Dios es el que lo hace.

Pero ¿quién es el que debe ocuparse en su salvación con
temor y temblor?

Nosotros debemos ocuparnos.

Por supuesto, debemos aceptar nuestra limitación al lidiar
con este asunto, pues como bien señala John Murray, hay un
misterio envuelto en el modo en que el Espíritu Santo opera
en la santificación del creyente:

«En cada movimiento concreto y particular del creyente en el camino de la santidad, hay una actividad
energizante del Espíritu Santo, y cuando intentamos

descubrir cuál es el modo de este ejercicio de su gracia y poder, es cuando nos damos cuenta de cuán lejos estamos de [...] determinar la obra secreta del Espíritu».[8]

Los cristianos tenemos el deber de ejercitarnos para la piedad;[9] pero ese ejercicio será vano si no lo hacemos en dependencia del Espíritu de Dios. Debemos hacer un uso responsable de las disciplinas espirituales para nuestro crecimiento en gracia; pero dependiendo enteramente de Dios para que produzca a través de esos medios el crecimiento que deseamos alcanzar.

Pocos pasajes del Nuevo Testamento expresan esta realidad tan hermosamente como el siguiente:

«Y el Dios de paz que resucitó de los muertos a nuestro Señor Jesucristo, el gran pastor de las ovejas, por la sangre del pacto eterno, os haga aptos en toda obra buena para que hagáis su voluntad, haciendo él en vosotros lo que es agradable delante de él por Jesucristo; al cual sea la gloria por los siglos de los siglos. Amén». (Heb. 13:20-21)

---

[8] Jerry Bridges, *op. cit.*, pág. 157.
[9] Comp. 1 Cor. 9:24-27; Heb. 12:1-2.

Las disciplinas espirituales

Como vimos anteriormente, Pablo le dice a Timoteo que debía ejercitarse para la piedad (1 Tim. 4:7). Hay algo que nosotros debemos hacer de forma regular e intencional si queremos ver cambios significativos y duraderos en nuestras vidas. A ese «algo» se lo denomina «disciplinas espirituales». Debemos leer la Biblia, orar en privado, adorar en privado, ayunar, leer libros edificantes. De la misma manera, debemos participar de la adoración y la oración corporativa, de la ordenanza de la Cena del Señor y de la comunión con los hermanos.

No es posible considerar al detalle cada una de estas disciplinas porque eso va más allá del alcance de esta obra, pero es de suprema importancia que entendamos cuál es el papel que juegan en nuestro crecimiento espiritual. Debido a que nuestros corazones tienden hacia el legalismo, estas disciplinas pueden convertirse fácil y erróneamente en un medio para hallar el favor de Dios, como si el mero hecho de leer la Biblia, orar, ayunar o venir fielmente a la iglesia sean obras meritorias que podrían mover a Dios a amarnos más. En otras palabras, muchos tienden a pensar algo como esto: «Mientras más practique estas disciplinas, más amor de Dios voy a obtener a cambio». Esta idea es completamente equivocada.

Por supuesto, cuando el creyente cae en esa trampa, pronto se encontrará preguntándose: ¿Cuánto es suficiente para llegar a ser merecedores del amor de Dios? Cuando comparamos la magnitud de la santidad de Dios con nuestros débiles esfuerzos, de inmediato nos damos cuenta de que nuestro mejor desempeño nunca podrá llenar la medida divina deseable. Esa forma de abordar la vida cristiana siempre termina en frustración (a menos que nos engañemos a nosotros mismos). Bryan Chapell nos muestra que debemos abordar las disciplinas espirituales desde otra perspectiva muy diferente: no como un trueque, sino como alimento.

«La única manera en que las disciplinas fortalecen la vida cristiana es cuando las vemos como alimento, no como un trueque. No son fichas que podemos intercambiar para recibir la gracia de Dios, sino maná del cielo que nutre nuestro amor por Cristo. Al meditar en el derroche de gracia que vemos a lo largo de la Escritura, tener comunión con Dios en oración y experimentar Su multiforme misericordia para con Su pueblo aumenta nuestra comprensión de Su amor. Como consecuencia, crece nuestro amor por Él, desplazando a esos otros amores que nos perjudican al atraernos».[10]

Y más adelante añade:

---

[10] Bryan Chapell, *Gracia sin límite: La dinámica del corazón que nos libera del pecado e impulsa nuestra vida cristiana* (Antioquia, Colombia, Poiema Publicaciones, 2020), pág. 111.

«Las disciplinas solo agradan a Dios y nos ayudan a cumplir Sus propósitos cuando aumentan nuestro amor por Cristo, que es el medio más poderoso para el cambio saludable y duradero. Esos propósitos se podrían comparar con el oxígeno que necesita el corredor de un maratón para alcanzar los kilómetros finales. También necesita coraje, determinación y fuerza de voluntad. Pero todo será inútil a menos que haya oxígeno alimentando su esfuerzo. Los corredores abren la boca para tomar el oxígeno que necesitan. No la abren esperando que su esfuerzo fabrique oxígeno. Ningún esfuerzo puede hacer esto. Abren su boca para inhalar el oxígeno que ya los rodea. De la misma forma, no debemos abrir las páginas de la Escritura, extender nuestras manos en oración o buscar a otros creyentes esperando que estos ejercicios buenos produzcan la gracia de Dios. Su gracia gratuita, ilimitada e incondicional ya nos rodea y está lista para que la inhalemos y para fortalecer nuestra pasión por Él».[11]

Una de las cosas que aprendimos en la escuela es que hay operaciones matemáticas en las que el orden de los factores no altera el producto. Por ejemplo, 2 x 3 es lo mismo que 3 x 2. Pero en el caso del evangelio, el orden de los factores altera por completo el producto. Siempre la fe debe venir

---

[11] *Ibid.*, págs. 111-112

primero y las obras después; no puede ser al revés. Las obras surgen de la fe, de lo contrario se convierten en un mecanismo para obtener el favor de Dios.

Pablo dice que la fe obra por el amor (Gál. 5:6). La fe produce obras. Escribiendo a los tesalonicenses les dice que siempre daba gracias a Dios por ellos al recordar, entre otras cosas, «vuestra obra de fe» (1 Tes. 1:3), es decir, la obra que surge de la fe. Santiago dice que una fe que no produce obras es una fe muerta (Sant. 2:17, 26). Pero las obras que no surgen de la fe tampoco sirven para nada. Tiene que haber fe y tiene que haber obras, pero tiene que ser en ese orden correcto.

Podemos plantear esta ecuación de otra forma: la obra de Dios en nosotros y a favor de nosotros siempre antecede nuestro obrar. Por eso nuestras obras nunca son meritorias, sino el resultado de la obra de gracia de Dios que nos favorece en Cristo por medio de la fe. Las buenas obras y la obediencia no hacen que seamos hijos de Dios, pero debido a que somos hijos de Dios (solo por gracia, solo por Cristo y solo por medio de la fe), ahora queremos andar en obediencia y haciendo buenas obras. En otras palabras, la fe produce un estilo de vida que es conforme al evangelio.

De manera que la obra de Dios a nuestro favor no nos convierte en entes pasivos en lo que respecta a la santidad. Todo creyente es responsable ante Dios de su crecimiento y madurez espiritual; pero sabiendo de antemano que depende enteramente de la gracia de Dios para seguir avanzando hacia la meta de ser como Jesús.

Capítulo 12

La santificación progresiva

Un proyecto de comunidad

Existe un aspecto más de la santificación progresiva que no debemos pasar por alto y que es de suma importancia. La Biblia presenta la santificación progresiva como un proyecto de comunidad. El evangelio por medio del cual somos salvados como individuos produce también una comunidad de gracia sin la cual no podemos crecer hacia la meta de ser conformados a la imagen de Dios revelada en Jesucristo. Paul Tripp y Tim Lane lo explican de este modo:

«Dios es una comunidad y nosotros, como creación Suya, reflejamos esa cualidad. Más aún, Él nos trae a una comunidad y coloca el deseo por la comunidad dentro de nosotros. A fin de cuentas, no podemos escapar de ningún modo de nuestra naturaleza esencial […]. Esta característica relacional es central en lo que respecta a lo que somos […], no puedes hablar de seres humanos hechos a la imagen de Dios sin hablar de relaciones. Sin embargo, a menudo es una de las primeras cosas que pasamos por alto. Solo cuando los seres humanos viven en comunidad reflejan plenamente la semejanza de Dios».[1]

Esa es una de las razones por las que la iglesia local juega un papel de suprema importancia en la santificación progresiva del creyente. Es juntamente «con todos los santos» que podemos llegar a ser plenamente capaces de comprender «el amor de Cristo, que excede a todo conocimiento» (Ef. 3:18-19). Más adelante en esa misma carta, Pablo explica la dinámica de este proceso comunitario al mostrar el funcionamiento de la iglesia como un cuerpo en el que todos sus miembros crecen juntos a la imagen de Su Cabeza, nuestro Señor Jesucristo:

«Y él mismo [Cristo] constituyó a unos, apóstoles; a otros, profetas; a otros, evangelistas; a otros, pastores y maestros, a fin de perfeccionar a los santos para la obra del ministerio, para la edificación del cuerpo de Cristo, hasta que todos lleguemos a la unidad de la fe y del conocimiento del Hijo de Dios, a un varón perfecto, a la medida de la estatura de la plenitud de Cristo; para que ya no seamos niños fluctuantes, llevados por doquiera de todo viento de doctrina, por

---

[1] Citado por Brian G. Hedges, *Christ Formed in You: The Power of the Gospel for Personal Change* (Wapwallopen, PA, Shepherd Press, 2010), pág. 237.

estratagema de hombres que para engañar emplean con astucia las artimañas del error, sino que siguiendo la verdad en amor, crezcamos en todo en aquel que es la cabeza, esto es, Cristo, de quien todo el cuerpo, bien concertado y unido entre sí por todas las coyunturas que se ayudan mutuamente, según la actividad propia de cada miembro, recibe su crecimiento para ir edificándose en amor». (Ef. 4:11-16)

La meta hacia la cual debemos avanzar como Iglesia

La Iglesia es un organismo vivo que debe crecer espiritualmente y cuya meta es «que todos lleguemos a la unidad de la fe y del conocimiento del Hijo de Dios, a un varón perfecto, a la medida de la estatura de la plenitud de Cristo» (Ef. 4:13). La palabra «perfecto» podría traducirse también como «maduro» y contrasta con la frase «niños fluctuantes» (v. 14). Ese varón perfecto o maduro tiene como patrón o modelo a nuestro Señor Jesucristo; todos juntos avanzamos hasta alcanzar «la medida de la estatura de la plenitud de Cristo». Se trata de una medida a la que todos aspiramos llegar. Sabemos que esta meta es imposible de alcanzar por completo en esta vida; pero lo que Pablo nos presenta es que ese proceso de madurez y crecimiento ya está en acción y debe ser evidente aquí y ahora. Surge la pregunta: ¿cómo se refleja este crecimiento en la vida y ministerio de la iglesia local?

Las marcas que evidencian el crecimiento

Estabilidad doctrinal

> «Para que ya no seamos niños fluctuantes, llevados por doquiera de todo viento de doctrina». (v. 14)

La palabra «fluctuantes» significa «zarandeado y sacudido por las olas». Los creyentes inmaduros son llevados de un lado a otro por los vientos huracanados que producen las enseñanzas de los falsos maestros. La inestabilidad doctrinal y la falta de convicciones claras y firmes son una marca inequívoca de inmadurez espiritual. Por el contrario, una persona madura conoce bien las Escrituras, entiende sus doctrinas y, por lo tanto, no se deja mover con facilidad debido a que puede discernir la verdad del error aun en sus aspectos más sutiles.

Balance entre la verdad y el amor

> «Sino que siguiendo la verdad en amor, crezcamos en todo en aquel que es la cabeza, esto es, Cristo». (v. 15)

La frase «seguir la verdad» es en realidad la traducción de una sola palabra que encierra varias ideas a la vez: «aferrándonos a la verdad», «manteniendo la verdad» o «viviendo o hablando la verdad».

Pablo quiere que la verdad de Dios revelada en Su Palabra nos gobierne en todo cuanto pensamos, decimos o hacemos, pero todo eso en un clima de amor. La ortodoxia sin amor es tan dañina como la pretensión de amar sin ortodoxia. No debemos extrañarnos al descubrir que en una carta tan doctrinal del Nuevo Testamento como Efesios nos encontremos también con un fuerte énfasis en el amor.[2] La Iglesia es fruto del amor de Dios y columna y baluarte de la verdad (1 Tim. 3:15). Por lo tanto, la verdad y el amor operan juntos y deben ser evidentes en la vida y el ministerio de toda iglesia local que está manifestando avances innegables hacia la madurez.

Debemos ser firmes en nuestra defensa y proclamación de la verdad; pero siempre debemos también ser gobernados por el amor. El impulso que nos mueve a defender la verdad y vivirla debe ser producto de nuestro amor a Dios y al prójimo. La carencia de verdad es tan dañina para una iglesia como la carencia del amor, la misericordia y la compasión.

Ayuda mutua entre los miembros del cuerpo unidos y bien coordinados

---

[2]Comp. Ef. 1:4, 15; 2:4; 3:17-19; 4:1-3; 4:15-16; 5:1-2, 25; 6:23-24.

«De quien todo el cuerpo, bien concertado y unido entre sí [...], recibe su crecimiento para ir edificándose en amor». (v. 16)

El cuerpo recibe su crecimiento de Cristo, así como también recibe unidad y coordinación. Fue Cristo quien nos colocó en un cuerpo local de creyentes y también fue quien nos proveyó de los dones y las capacidades que poseemos para beneficio de los demás miembros del cuerpo. ¿Cuál es, entonces, nuestra responsabilidad en lo que respecta al crecimiento de la iglesia?

Así como en el cuerpo humano todos los miembros están conectados unos con otros para formar un solo cuerpo, también ocurre algo similar en la iglesia:

«De quien todo el cuerpo, bien concertado y unido entre sí por todas las coyunturas que se ayudan mutuamente, según la actividad propia de cada miembro, recibe su crecimiento para ir edificándose en amor». (Ef. 4:16)

La palabra griega que se traduce como «coyuntura» significa literalmente «punto de contacto». La coyuntura es básicamente el punto de conexión donde dos piezas se tocan. En el caso de la iglesia, la coyuntura funciona como un canal a través del cual la provisión que viene de Cristo como cabeza se traspasa a los demás miembros del cuerpo. Esa es la razón por la que Pablo dice que todas las coyunturas «se ayudan mutuamente». La idea es que cada una suministra a las otras lo que recibe de la cabeza.

Cada miembro del cuerpo está unido a Cristo como cabeza y, a la vez, todos los miembros están unidos entre sí por las coyunturas. En el mismo sentido, cada uno es colocado por Cristo en un lugar específico de ese cuerpo local para realizar funciones específicas, bajo el liderazgo de los pastores provistos por Él (v. 11-12). Cristo provee el alimento de Su Palabra a través de esos pastores y maestros, equipando así a los creyentes para que estos funcionen en el lugar en que fueron colocados por Cristo, conforme a los dones dados por Cristo. Cuando cada miembro se relaciona y opera con los otros miembros «según la actividad propia de cada miembro», entonces la iglesia crecerá y madurará.

Podemos inferir, entonces, que si un miembro no está creciendo y madurando de forma individual, se aísla de los demás, no pone sus dones y capacidades al servicio del cuerpo o desea hacer la labor que le corresponde a otro, entonces estará afectando la salud y el crecimiento de todo el cuerpo. La conclusión es bastante clara y directa al punto de que ningún creyente puede obviarla:

solo es posible que una iglesia avance hacia la madurez en un contexto de unidad y de amor, bajo un liderazgo bíblicamente establecido.

La casa de Dios, columna y baluarte de la verdad, es el lugar en donde el cristiano es equipado con la verdad; donde aprende del amor de Cristo; ejerce el amor a Cristo al amar a Su pueblo; es donde recibe de Cristo la provisión que Él da por medio de las coyunturas; y donde puede poner en operación sus dones para beneficio de otros, no como un miembro independiente o aislado, sino dentro de la estructura coordinada y provista por el mismo Cristo para Sus iglesias locales.

Si bien es cierto que tenemos una responsabilidad individual para con nuestra santificación progresiva, como hemos visto a lo largo de este libro, no debemos olvidar que esa santificación es un proyecto de comunidad. No existe el cristiano *omnicompetente*. Todos y cada uno de nosotros somos gente necesitada y a Dios le ha placido suplirnos lo que necesitamos a través de otros. Ese es el énfasis del Nuevo Testamento.[3]

Hoy es muy común oír de supuestos cristianos que dicen que no necesitan de la iglesia para crecer espiritualmente. Sin embargo, el que piensa que no necesita la iglesia no piensa así porque sea un «súper santo», sino porque no se conoce a sí mismo. R. C. Sproul dice al respecto con bastante claridad:

«Es común escuchar a personas declarar que no necesitan unirse a una iglesia para ser cristianos. Ellos proclaman que su devoción es personal y privada, no

---

[3] Comp. Rom. 15:14; Gál. 6:1-2; Ef. 4:11-16; 1 Tes. 5:14; 2 Tim. 2:22.

institucional ni corporativa. Este no es el testimonio de los grandes santos de la historia [...] [sino] la confesión de un necio».[4]

Pablo describe a los corintios el funcionamiento práctico de la Iglesia en una forma similar a como lo hace a los efesios (1 Cor. 12:12-26; Ef. 4:13-16). Pablo lo presenta como la interacción de los miembros de un cuerpo, donde cada uno de ellos pone en funcionamiento los dones que el Señor le ha dado para beneficio de todos. Además, tenemos todos los siguientes pasajes del Nuevo Testamento que nos hablan de nuestros deberes corporativos en el cuerpo de Cristo:

> Amarse (Juan 13:34; Rom. 12:10; 13:8)
>
> Vivir en paz (Mar. 9:50; 1 Tes. 5:13)
>
> Preferirse (Rom. 12:10, 16; Ef. 5:21)
>
> Edificarse (Rom. 14:19)
>
> Aceptarse (Rom. 12:16; 15:7)
>
> Amonestarse (Rom. 15:14)
>
> Preocuparse (1 Cor. 12:25)
>
> Servirse (Gál. 5:13; 1 Ped. 4:10)
>
> Soportarse con paciencia (Ef. 4:2; Col. 3:13)
>
> Ser bondadosos y compasivos (Ef. 4:32)
>
> Perdonarse (Ef. 4:32; Col. 3:13)

---

[4]Citado por John Loftness; *Why Small Groups* (Gaithersburg, MD, Sovereign Grace Ministries, 1996), pág. 20.

Instruirse y amonestarse a través del canto (Ef. 5:19; Col. 3)

Animarse (1 Tes. 4:18)

Orar (Sant. 5:16)

Hospedarse (1 Ped. 4:9)

Saludarse (Rom. 16:16; 1 Cor. 16:20)

Noten que Dios no supone en ningún momento que esa relación mutua entre los miembros estará exenta de problemas y dificultades. Por eso se nos manda vivir en paz, soportarnos con paciencia, amonestarnos, perdonarnos. Buscar vivir este tipo de relación es estar abiertos a las heridas, los malentendidos y los inconvenientes, porque nuestras relaciones estarán inevitablemente influenciadas por nuestros pecados.[5] Pero a pesar de todo eso, el aislamiento nunca será una opción para el cristiano. De hecho, Dios usará esos mismos problemas, que seguramente surgirán en la medida en que nos acerquemos a nuestros hermanos en la fe, para pulirnos a la imagen de Su Hijo.

> **La santificación progresiva no es individualista, es un proyecto de comunidad.**

En resumen, ninguno de nosotros es autosuficiente, no podemos vivir nuestra vida cristiana independiente de los

---

[5] *Ibid.*, pág. 21.

demás. Cristo coloca a los Suyos en una iglesia para que podamos ser de bendición a otros, mientras los otros son de bendición para nosotros. Pero si nos aislamos de los demás, eso no será posible. Una de las razones por las que el Mar Muerto está muerto, es porque allí termina el Río Jordán y el agua solo entra, pero no sale. Eso aumenta el nivel de salinidad del agua y, por lo tanto, no permite el desarrollo de la vida acuática. El Mar de Galilea, en cambio, también recibe agua del Río Jordán por el norte, pero la desagua por el sur y está lleno de vida. De una manera similar, el creyente individual florece y crece cuando traspasa a otros lo que Él recibe de Cristo, mientras se beneficia de otros que hacen lo mismo con él. La santificación progresiva no es individualista, es un proyecto de comunidad.

Capítulo 13

La motivación del evangelio

He procurado demostrar que el evangelio es esencial para la santificación progresiva del creyente. Es lamentable que haya muchos creyentes que no han sido instruidos de esa manera y muchos otros que parecen haberlo olvidado. Muchos nos acostumbramos con el paso del tiempo a ser cristianos y a dar por sentado lo que tenemos en Cristo. Poco a poco comenzamos a experimentar una especie de adormecimiento en el alma que afecta profundamente nuestras vidas cristianas. Esa actitud se hará evidente tanto en nuestra vida de santidad como en nuestra utilidad en el reino de Dios.

¿Cómo podemos volver a despertar nuestras almas cuando estamos sufriendo este tipo de calambre espiritual?

Algunas iglesias tratan de resolver este problema exponiendo a sus miembros en una euforia permanente a través de actividades y experiencias nuevas todo el tiempo. Pero esa actividad frenética no producirá verdadero crecimiento, sino que, más bien, lo entorpece. Jethani dice al respecto:

«Los ministerios que se enfocan en producir experiencias espirituales, independientemente de la buena intención que tengan, lo que pueden estar haciendo en realidad es retardar el crecimiento espiritual al convertir a la gente en dependientes de experiencias».[1]

Lo que en realidad necesitamos es volver a contemplar a Cristo en el evangelio una y otra vez, volver a colocarlo en el centro de nuestros afectos y admiración. Eso es justamente lo que Pablo expresa en uno de los pasajes más conocidos del Nuevo Testamento:

«Porque el amor de Cristo nos constriñe, pensando esto: que si uno murió por todos, luego todos murieron; y por todos murió, para que los que viven, ya no vivan para sí, sino para aquel que murió y resucitó por ellos». (2 Cor. 5:14-15)

La palabra griega que se traduce como «constreñir» significa literalmente «encerrar», como se encierra entre paredes el agua de una presa para dirigirla hacia un lugar específico.

Otras versiones lo traducen: «El amor de Cristo nos obliga» (NVI); «Porque el amor de Cristo nos apremia» (BJ); «El amor de Cristo se ha apoderado de nosotros» (DHH).

---

[1]Citado por Jared C. Wilson; *Gospel Wakefulness* (Wheaton, IL, Crossway, 2011), pág. 17.

Las palabras de Pablo nos demuestran que se siente completamente abrumado y sobrecogido por el amor de Cristo. Alguien ha parafraseado el texto de esta manera:

«Si en algún momento me siento tentado a pensar primero en mi propio bienestar, el amor de Cristo en la cruz atrapa mi corazón y me libera de mí mismo para que pueda servir a otros. Si alguna vez uso mi sufrimiento como una excusa para bajar la velocidad o para echarme atrás por completo, la disposición voluntaria de Cristo a sufrir la ira de Dios en mi lugar enciende una llama en mi alma que ninguna cantidad de bienes de este mundo o promesas de alabanza humana pueden extinguir».[2]

Es de notar que Pablo no dice que el amor de Cristo lo constreñía o apremiaba únicamente a él. Por el contrario, lo que el apóstol dice en el texto es que el amor de Cristo «nos constriñe» a todos los que hemos sido beneficiarios de ese amor.

Podemos comparar la vida cristiana con el lanzamiento de un cohete hacia el espacio. Se necesita un poder enorme para que una de esas naves tan pesadas se eleve del suelo, venza la fuerza de la gravedad y llegue hasta el espacio sideral. Podemos aplicar este ejemplo a la vida espiritual del creyente y decir que el pecado que todavía mora en nosotros es como una especie

---

[2] Sam Storms, *A sincere and Pure Devotion to Christ* (Wheaton, IL, Crossway, 2010), pág. 156.

de fuerza de gravedad que nos atrae poderosamente al orgullo, egoísmo y la apatía espiritual. Pero el amor de Cristo es un propulsor lo suficientemente poderoso como para vencer esa fuerza de gravedad que nos atrae hacia el pecado.[3]

Es precisamente por eso que el amor de Dios es un tema tan prominente en las Escrituras. Si Dios hubiese dicho en un solo versículo de la Biblia que Él nos ama, eso hubiese sido suficiente, porque Él no habla por hablar. Pero solo en el libro de los Salmos aparece 123 veces la palabra hebrea *hesed*, que puede ser traducida como «amor enraizado en el pacto», «amor inamovible» o «inconquistable». Un ejemplo interesante del uso de la palabra *hesed* se encuentra en el libro del Éxodo. Moisés le pide a Dios que quiere ver Su gloria y el Señor lo complace pasando por delante de Él y proclamando Su nombre:

> «Y pasando Jehová por delante de él, proclamó: ¡Jehová! ¡Jehová! fuerte, misericordioso y piadoso; tardo para la ira, y grande en misericordia [*hesed*] y verdad; que guarda misericordia [*hesed*] a millares, que perdona la iniquidad, la rebelión y el pecado, y que de ningún modo tendrá por inocente al malvado; que visita la iniquidad de los padres sobre los hijos y sobre los hijos de los hijos, hasta la tercera y cuarta generación». (Ex. 34:6-7)

---

[3]Esto no quiere decir que el amor de Cristo mostrado en la cruz sea la única motivación que encontramos en la Biblia para la santidad. En su libro *The Hole in our Holiness*, Kevin De Young provee una lista de 40 motivaciones más que Dios nos provee en Su Palabra para alentarnos a la obediencia (pág. 57-60), y él mismo reconoce que la lista no es exhaustiva.

Este pasaje tiene que haber sido un dolor de cabeza para algunos estudiosos de las Escrituras en el antiguo pacto. El Señor no solo se presenta como un Dios misericordioso, sino que también añade que Él es tardo para airarse y que perdona la iniquidad, la rebelión y el pecado. Sin embargo, al mismo tiempo declara que «de ningún modo tendrá por inocente al malvado». Surge una pregunta inevitable: ¿cómo puede Dios, en una misma declaración conectar Su amor inamovible con Su justicia inapelable e inflexible? Eso es justamente la gran interrogante que responde el evangelio.

Dios no rebajó Su nivel de santidad y justicia para salvar a los pecadores, ni tampoco pasó por alto nuestra culpabilidad. Por el contrario, en Su amor inamovible, en Su *hesed*, decidió cargar Él mismo con la consecuencia de nuestro pecado. Pablo se refiere a esa realidad cuando le dice a los corintios que Cristo murió por todos, es decir, por «todos» aquellos a quienes Él vino a salvar (2 Cor. 5:14).[4] El Señor Jesucristo, el Dios encarnado, decidió tomar sobre Sí toda la ira divina que nosotros merecíamos por cada uno de los pecados que hemos cometido y cometeremos desde la cuna hasta la tumba.

Eso fue exactamente lo que ocurrió en la cruz del Calvario. La segunda persona de la Trinidad, a quien los ángeles adoran y alaban en el cielo diciendo: «Santo, Santo, Santo, Jehová

---

[4]Pablo dice luego que esos «todos» murieron para que no continúen viviendo para sí mismos; esta es una declaración que no puede aplicarse a un inconverso.

de los ejércitos; toda la tierra está llena de Su gloria»[5] decidió sufrir en carne humana lo que Su propia justicia demanda de aquellos que se habían rebelado contra Él. Todo esto fue hecho para poder perdonarlos. En consecuencia, Dios no solo perdonó todos nuestros pecados sobre la base de esa obra redentora, sino que también puso en nuestra cuenta la justicia perfecta de Su Hijo:

> «Al que no conoció pecado, por nosotros lo hizo pecado, para que nosotros fuésemos hechos justicia de Dios en él». (2 Cor. 5:21)

¿Con qué podemos comparar un amor así?

Alguien ha definido el amor de Dios como, «la determinación apasionada, firme y alegre de hacernos bien y derramar sobre nuestras almas felicidad eterna, sin importar el costo».[6] Dios nos ama con el mismo amor con que Él ama a Su propio Hijo, nuestro Señor Jesucristo, porque nuestra vida está escondida en Él (Col. 3:3). Cuando Dios el Padre nos ve, nos ve en Su Hijo. El entendimiento de esa verdad tan extraordinaria fue lo que produjo en Pablo el celo y la pasión que manifestó a lo largo de su vida. El apóstol entendió y

---

[5] Isa. 6:3; comp. Juan 12:37-41.

[6] Elyse M. Fitzpatrick y Dennis Johnson, *Counsel from the Cross*; Crossway Book; Wheaton, IL, 2009.

aplicó las consecuencias que se derivan de tal amor. Él no era un hombre especial o extraordinario. Era un cristiano igual que cualquiera de nosotros, sujeto a pasiones iguales que las nuestras, amado por el mismo Padre, salvado por el mismo Salvador y ayudado por el mismo Espíritu. Sin embargo, aquello que lo distingue es que puso el evangelio en el centro de su vida y se empapó de tal manera del amor de Dios en Cristo, que ese amor tomó control de toda su existencia.

La disciplina de Dios y la gracia de Dios

Es posible que al llegar a este punto alguno se esté preguntando: Si Dios nos ama de pura gracia, y Su amor no depende de nuestro desempeño, ¿qué papel juega la disciplina de Dios cuando un creyente peca? Es una buena pregunta. Uno de los pasajes más instructivos del Nuevo Testamento respecto a este tema se encuentra en la carta a los Hebreos:

«Hijo mío, no menosprecies la disciplina del Señor, ni desmayes cuando eres reprendido por él; porque el Señor al que ama, disciplina, y azota a todo el que recibe por hijo. Si soportáis la disciplina, Dios os trata como a hijos; porque ¿qué hijo es aquel a quien el padre no disciplina? Pero si se os deja sin disciplina, de la cual todos han sido participantes, entonces sois bastardos, y no hijos. Por otra parte,

tuvimos a nuestros padres terrenales que nos disciplinaban, y los venerábamos. ¿Por qué no obedeceremos
mucho mejor al Padre de los espíritus, y viviremos? Y
aquéllos, ciertamente por pocos días nos disciplinaban
como a ellos les parecía, pero este para lo que nos es
provechoso, para que participemos de su santidad. Es
verdad que ninguna disciplina al presente parece ser
causa de gozo, sino de tristeza; pero después da fruto
apacible de justicia a los que en ella han sido ejercitados». (Heb. 12:5-11)

La enseñanza de este pasaje es tan clara como el sol del
mediodía. Precisamente porque somos hijos amados de Dios,
Él nunca será indiferente al pecado de los Suyos. Él disciplina
a los que ama; esa disciplina es una prueba y una manifestación de Su paternidad, no de que ha dejado de amarnos.
Dado que el pecado es dañino y nos impide deleitarnos en
nuestra relación con Dios, en ocasiones nos deja experimentar las consecuencias de nuestro pecado para librarnos
de pecados mayores en el futuro.[7] Esa disciplina nunca es
antojadiza o arbitraria, sino conforme a «lo que nos es provechoso, para que participemos de su santidad».

Debemos observar con atención esta última frase. El autor
de Hebreos conecta la palabra «provechoso» con el término
«santidad», por lo tanto, es provechoso para nosotros ser

---

[7] Comp. 2 Tes. 3:6-10.

santos. Obedecer los mandamientos de Dios no hace que Él nos ame más, pero es precisamente porque nos ama que el Señor nos ordena ser santos.

El poder expulsivo de un nuevo afecto

El ministro escocés Thomas Chalmers (1780–1847) abordó el tema que hemos estado desarrollando en este libro en una obra titulada: *El poder expulsivo de un nuevo afecto.* En su libro expone las palabras del apóstol Juan en su primera carta:

> «No améis al mundo, ni las cosas que están en el mundo. Si alguno ama al mundo, el amor del Padre no está en él». (1 Jn. 2:15)

Desde el inicio de su obra, Chalmers nos explica lo que tratará de demostrar en su contenido.[8] Él dice que podemos tratar de desplazar de nuestro corazón el afecto que tenemos por este mundo de dos maneras distintas. La primera, es procurar convencer a nuestro corazón de que las cosas de este mundo no son dignas de nuestro afecto. La segunda, es presentándole un objeto superior que sea más digno de su apego, de modo que el viejo afecto sea desplazado por

---

[8]Thomas Chalmers, *El poder expulsivo de un nuevo afecto* (Ibagué, Colombia, Editorial Edificando, 2020), pág. 4.

uno nuevo. Debido a la constitución de nuestra naturaleza, el primer método es completamente ineficaz; solo nuestro afecto hacia Dios será suficiente para rescatar al corazón del mal afecto que lo domina.

Cuando el amor de Dios cautiva nuestro corazón, entonces podemos luchar eficazmente contra los otros «amores» que pretenden competir con Él. Es el amor de Dios por nosotros lo que motiva nuestro amor por Él y nos cautiva: «Nosotros le·amamos a él, porque él nos amó primero» (1 Jn. 4:19). Ese amor se manifiesta en la cruz, donde Cristo sufrió el infierno por nosotros al recibir sobre sí la ira divina que justamente merecemos por nuestros pecados. Como bien lo explica Bryan Chapell:

> «Debemos desplazar el amor al pecado con un amor superior. Nuestros amores descarriados —que le dan poder al pecado en nuestro corazón— son reemplazados por el amor a Cristo que aumenta cuando nos exponemos a Su gracia y a la explicación de esta de una forma completa, regular, sensible y poderosa».[9]

¡Que el Señor abra nuestros ojos para que veamos cada vez más claramente la gloria de nuestro Salvador y Su amor manifestado en el evangelio, hasta que nuestros corazones ardan de pasión por Él!

---

[9] Bryan Chapell, *Gracia sin límite: La dinámica del corazón que nos libera del pecado e impulsa nuestra vida cristiana* (Antioquia, Colombia, Poiema Publicaciones, 2020), pág. 202.

Epílogo

Hay dos relatos de la mitología griega que nos ilustran dos formas distintas de vivir la vida cristiana.[1] El primero gira en torno a un personaje muy conocido que algunos llaman Ulises y otros Odiseo. Según el relato de Homero, Ulises era un esposo modelo felizmente casado con Penélope, con quien vivía en la isla de Ítaca. Sin embargo, su vida idílica se detuvo cuando un turbio incidente lo llevó a permanecer lejos de su esposa por unos 20 años. París, un príncipe de Troya, incitado por la diosa Afrodita se enamoró perdidamente de Helena, la esposa de Menelao, el rey de Grecia, y una de las mujeres más hermosas de la época. Ella lo convence de que se escape con él. Por lo tanto, los griegos deciden limpiar el honor manchado enviando un gran ejército para atacar Troya; entre los soldados estaba Ulises.

El asedio de Troya duró diez años y terminó cuando los griegos lograron penetrar en la ciudad escondidos en el vientre de un gran caballo de madera. Ulises y sus hombres conquistaron la ciudad y se llevaron consigo a Helena, pero

---

[1] Esta analogía aparece en el libro de Sam Storms, *One Thing* (Scotland, Reino Unido, Christian Focus Publication Ltd, 2004), págs. 124-127.

el viaje de regreso, que también duró otros diez años, resultó ser más peligroso que la guerra misma contra los troyanos.

Uno de los momentos más peligrosos de la travesía fue cuando tuvieron que bordear la isla de las sirenas. Según la leyenda, estas malvadas criaturas tenían un canto tan hermoso que atraían a sus marineros a la costa. Cuando sus barcos se estrellaban en los arrecifes, ellas aprovechaban para acabar con ellos sin misericordia. Advertido ya de este peligro, pero al mismo tiempo lleno de curiosidad, Ulises ordenó a todos sus marineros que se taparan los oídos con cera y mantuvieran en todo momento la vista al frente para que no pudieran escuchar el canto de las sirenas o fueran atraídos mortalmente por su hermosura. Al mismo tiempo, les pidió que lo ataran al mástil de la embarcación para poder escuchar su canto sin correr ningún peligro. Sin importar lo que diga o haga, no debían soltar a Ulises hasta que estuvieran a una distancia segura. Tal como se le había advertido, Ulises quedó totalmente hechizado por lo que vio y escuchó; y de no haber sido porque estaba atado al mástil, habría sucumbido por completo a la tentación y hubiera muerto.

Lamentablemente, la vida práctica de muchos que profesan ser cristianos se asemeja a este episodio de la vida de Ulises. Sucumbirían contentos a las tentaciones de este mundo si no fuera por la soga de reglas humanas y por el temor a ser mal vistos dentro del círculo eclesiástico en que se mueven. Su cristianismo no se caracteriza por el gozo, sino por el temor y la vergüenza.

Jasón fue el otro personaje mitológico que, como Ulises, tuvo que enfrentar el canto de las sirenas mientras volvía de buscar el vellocino de oro; pero con la diferencia de que entre los tripulantes de su embarcación se encontraba Orfeo, un artista de talento incomparable con la lira y la flauta. Su música era reconocida como la más hermosa y melodiosa del mundo antiguo. Jasón no usó la estratagema de Ulises, sino que le pidió a Orfeo que tocara las canciones más hermosas y encantadoras de su repertorio. El canto de las sirenas quedó completamente opacado y, aunque las sirenas no habían perdido su capacidad de seducir, estos hombres habían sido completamente cautivados por un sonido infinitamente superior.

Como bien señala Sam Storms, Ulises sobrevivió al sonido de las sirenas, pero Jasón triunfó sobre ellas.[2] Esa es la clase de victoria que Dios nos provee en el evangelio. Es la victoria del creyente que ha llegado a comprender que ninguna oferta de este mundo puede compararse siquiera con la vida abundante que Cristo ofrece. Tim Chester presenta esta misma verdad comparando la idea que muchos tienen de la santidad con la que Dios revela en Su Palabra:

> «A menudo pensamos en la santidad como renunciar
> a los placeres del pecado para tener a cambio una vida
> digna y aburrida; pero la santidad significa reconocer
> que los placeres del pecado son vacíos y temporales,

---

[2] *Ibid.*, pág. 127.

mientras que Dios nos invita a disfrutar de placeres extraordinarios, verdaderos, plenos y ricos que duran para siempre».[3]

La música preciosa y sublime del evangelio promueve la verdadera santidad, como he procurado demostrar a través de las páginas de este libro. No es un mero moralismo o legalismo malsano. Dejar de pecar por temor al «qué dirán de mí en la iglesia» o para «ganarnos el amor de Dios» es una motivación pecaminosa que nunca nos permitirá gozarnos en la hermosura de la santidad. Pero Dios nos ha provisto en el evangelio los recursos que necesitamos para continuar corriendo nuestra carrera con los ojos puestos en Jesús, quien es «el autor y consumador de la fe» (Heb. 12:2).

Es mi oración que a Dios le plazca usar este trabajo, con sus limitaciones y debilidades, para que algunos puedan adquirir una imagen más clara de la gloria de nuestro bendito Salvador que se revela en el evangelio, para que contemplando esa gloria continúen siendo transformados «de gloria en gloria en la misma imagen, como por el Espíritu del Señor» (2 Cor. 3:18).

**¡Qué solo a Cristo el Señor
sea toda la gloria, por los siglos de los siglos!
Amén.**

---

[3]Tim Chester, *You Can Change* (Wheaton, IL, Crossway, 2010), pág. 35.

Bibliografía

Barrett, Michael P. V. *Complete in Him: A Guide to Understanding and Enjoy the Gospel*; Reformation Heritage Books; Grand Rapids, MI, 2017.

Beale, G. K. *We Become What we Worship*; Intervarsity Press; Downers Grove, IL, 2008.

Bigney, Brad. *La traición al evangelio: Cómo se traiciona al evangelio con la idolatría*; P&R Publishing; Phillipsburg, NJ, 2022.

Bridges, Jerry. *La disciplina de la gracia*; Editorial CLC; Bogotá, Colombia, 2001.

_____. *The transforming power of the gospel*; 2012; Colorado Springs, CO, 2012.

Bridge, William. *The Works of the Reverend William Bridge*, Vol. 5; Soli Deo Gloria Publications; Beaver Falls, PA, 1989.

Camacho, Haroldo. *El comentario de Martín Lutero sobre la epístola a los Gálatas*; Palibrio Corporation, Bloomington, IN, 2011.

Calvino, Juan. *Institución de la religión cristiana*; Libros Desafío, Grand Rapids, MI, 2012.

Carson, D. A. *El Dios que está presente: Encuentra tu lugar en la historia de Dios*; Poiema Publicaciones; Antioquia, Colombia, 2020.

Chalmers, Thomas. *El poder expulsivo de un nuevo afecto*; Editorial Edificando; Ibagué, Colombia, 2020.

Chapell, Bryan. *Gracia sin límite: La dinámica del corazón que nos libera del pecado e impulsa nuestra vida cristiana*; Poiema Publicaciones; Antioquia, Colombia, 2020.

_____. *Holliness by Grace*; Crossway Books; Wheaton, IL, 2001.

Chester, Tim. *You Can Change*; Crossway; Wheaton, IL, 2010.

Deyoung, Kevin. *The Hole in our Holiness*; Crossway; Wheaton, IL, 2012.

DeYoung, Kevin y Gilbert, Greg. *What is the Mission of the Church? Making Sense of Social Justice, Shalom, and the Great Commission*; Crossway; Wheaton, IL, 2011.

Farley, William. *Gospel Power Humility*; P&R; Phillipsburg, NJ, 2011.

Sinclair Ferguson. *Devoted to God*; Banner of Truth; Escocia, Reino Unido, 2016.

_____. *El Cristo completo*; Poiema Publicaciones; Antioquia, Colombia, 2019.

Fitzpatrick, Elyse M. y Johnson Dennis. *Counsel from the Cross*; Crossway Book; Wheaton, IL, 2009.

Fitzpatrick, Elyse M. *Idols of the Heart*; P&R Publishers Company; NJ, 2001.

Gilbert, Greg. *¿Qué es el evangelio?*; Faro de Gracia; Bogotá, Colombia, 2012.

Gire, Ken. *Moments with the Savior*; Zondervan; Grand Rapids, MI, 1998.

Greear, J. D. *Gospel: Recovering the Power that Made Christianity*; B&H Publishing Group; Nashville, TN, 2011.

Grudem, Wayne. *Teología Sistemática*; Editorial Vida; Miami, FL, 2007.

Hedges, Brian G. *Christ Formed in You*; Shepherd Press; Wapwallopen, PA, 2012.

Holland, Rick. *Uneclipsing the son*; Kress Biblical Resources; The Woodlands, TX, 2011.

Horton, Michael. *The Gospel-Driven life*; Baker Publishing Group; Grand Rapids, MI, 2009.

Keller, Timothy. *Counterfeit Gods*; Penguin Group; New York, NY , 2009.

Keller, Timothy. *The prodigal God*; Penguin Group; New York, NY, 2008.

Letham, Robert. *Union with Christ*; P&R Publishing; Phillipsburg, NJ; Penguin Group; New York, NY, 2011.

Loftness, John. *Why Small Groups*; Sovereign Grace Ministries; Gaithersburg, MD, 1996.

McCall, Larry E. *Amando a tu esposa como Cristo ama a la iglesia*; Poiema Publicaciones; Antioquia, Colombia, 2020.

McGrath, Alister E. *Reformation Thought: An Introduction*; John Wiley & Sons; Hoboken, NJ, 2021.

Montgomery Boice, James. *Los fundamentos de la fe cristiana*; Unilit; Medley, FL, 1996.

Moore, Russell D. *Tempted and Tried*; Crossway; Wheaton, IL, 2011.

Murray, John. *La redención consumada y aplicada*; Editorial CLIE; Terrassa, Barcelona, 1993.

Ortlund, Dane C. *Manso y humilde*; 2021; B&H; Nashville, TN, 2021.

Packer, J. I. y Dever, Mark. *In my Place Condemned He Stood*; 2007; Crossway; Wheaton, IL, 2007.

Piper, John. *Dios es el evangelio*; Editorial Portavoz; Grand Rapids, MI, 2007.

_____. *The Future of Justification*; Crossway Books; Wheaton, IL, 2007.

Prentiss, Guy. *Justification and the New Perspectives on Paul*; P&R Publishing Company; Phillipsburg, NJ, 2004.

Reisenger; Ernest. *The Law and the Gospel*; P&R; Philipsburg, NJ, 1997.

Smallman, Stephen. *What is true conversion?*; P&R Publishers Company; NJ, 2005.

Sproul, R. C. *Faith Alone*; Baker Books; Grand Rapids, MI, 1995.

Stiles, J. Mack. *Marks of the Messenger*; Green Press Initiative; Downers Grove, IL, 2010.

Storms, Sam. *One Thing*; Christian Focus Publication Ltd; Escocia, Reino Unido, 2004.

_____. *A sincere and Pure Devotion to Christ*; Crossway; Wheaton, IL, 2010.

Stott, John. *La cruz de Cristo*; Editorial Nueva Semilla; Bogotá, Colombia, 1996.

_____. *Romanos*; Certeza Unida; Buenos Aires, Argentina, 2007.

Venema, Cornelis. *Getting the Gospel Right*; The Banner of Truth Trust; Calisle, PA, 2006.

Vincent, Milton. *A Gospel Primer for Christians*; Focus Publishing; Newburyport, MA, 2008.

Wax, Trevin. *Counterfeit Gospels*; Moody Publishers; Chicago, IL, 2011.

Wells, David. *Turning to God: Reclaiming Christian Conversion as Unique, Necessary, and Supernatural*; Baker Publishing Group; Grand Rapids, MI, 2012.

Wilson, Jared C. *Gospel Wakefulness*; Crossway; Weaton; IL, 2011.